Caminhos para a formação do leitor

Caminhos para a formação do leitor

DIFUSÃO
CULTURAL
DO LIVRO

RENATA JUNQUEIRA DE SOUZA
Organizadora

Copyright © 2004 do texto: Vários autores
Copyright © 2004 da edição: Editora DCL – Difusão Cultural do Livro

COORDENAÇÃO EDITORIAL: Maria Viana
ASSISTÊNCIA EDITORIAL: Ana Paula Ribeiro
PREPARAÇÃO DE TEXTO: Maria Viana
REVISÃO: Ana Paula dos Santos
Daniela Padilha
Gislene P. Rodrigues de Oliveira
Janaína Mello
Sandra Regina de Souza
CAPA, PROJETO GRÁFICO: TREZE Design Gráfico
DIAGRAMAÇÃO: TREZE Design Gráfico

Texto em conformidade com as novas regras ortográficas do Acordo da Língua Portuguesa.

Dados Internacionais de Catalogação na Publicação (CIP)
(Câmara Brasileira do Livro, SP, Brasil)

Caminhos para a formação do leitor / Organizadora Renata Junqueira de Souza — 1. ed. — São Paulo : DCL, 2004.

Vários Autores.
Bibliografias.
ISBN 978-85-7338-927-2

1. Educadores – Formação 2. Escritores e leitores 3. Leitura 4. Leitura – Desenvolvimento 5. Literatura infantojuvenil – Estudo e ensino 6. Professores – Formação I. Souza, Renata Junqueira de.

04-5138   CDD – 418.4

Índices para catálogo sistemático:

1. Leitores e leitura : Pesquisa : Linguística   418.4

1ª edição • agosto • 2004
1ª reimpressão • dezembro • 2005
2ª reimpressão • outubro • 2009

Todos os direitos desta edição reservados à

DCL – Difusão Cultural do Livro Ltda.
Rua Manuel Pinto de Carvalho, 80 – Bairro do Limão
CEP 02712-120 – São Paulo – SP
Tel.: (0xx11) 3932-5222
http://www.editoradcl.com.br
E-mail: dcl@editoradcl.com.br

"Na medida, porém, em que me fui tornando íntimo do meu mundo, em que melhor o percebia e o entendia na 'leitura' que dele ia fazendo, os meus temores iam diminuindo."

Paulo Freire

SUMÁRIO

APRESENTAÇÃO _____ 09
Nelly Novaes Coelho

**CARLOS DRUMMOND DE ANDRADE:
UMA HISTÓRIA EXEMPLAR DE LEITURA** _____ 11
Marisa Lajolo

**ENSINO-APRENDIZAGEM E LEITURA:
DESAFIOS AO TRABALHO DOCENTE** _____ 25
Ezequiel Theodoro da Silva

**FORMAÇÃO DE LEITORES E RAZÕES
PARA A LITERATURA** _____ 37
Ricardo Azevedo

**MEMÓRIAS DE LEITURA E
EDUCAÇÃO INFANTIL** _____ 49
Vitória Líbia Barreto de Faria

**LEITURA E ALFABETIZAÇÃO:
A IMPORTÂNCIA DA POESIA
INFANTIL NESSE PROCESSO** _____ 61
Renata Junqueira de Souza

**A LEITURA DA LITERATURA
INFANTIL NA ESCOLA** _____ 79
Caroline Cassiana Silva dos Santos
Renata Junqueira de Souza

**LEITURA DE NARRATIVAS
JUVENIS NA ESCOLA** _____ 91
Juvenal Zanchetta

**JOGOS DA INFÂNCIA EM GUIMARÃES
ROSA: ENTRE A MAGIA E A POESIA** _____ 111
Prazeres Mendes

APRESENTAÇÃO

Nelly Novaes Coelho

LEITURA: PORTA ABERTA PARA O SABER

Chegamos ao ponto em que temos de educar as pessoas naquilo que ninguém sabia ontem, e prepará-las para aquilo que ninguém sabe ainda, mas que alguns terão que saber amanhã.

Margaret Mead

  Nos últimos trinta e tantos anos, essas lúcidas palavras da conhecida antropóloga americana foram repetidas milhares de vezes, pois elas sintetizam um dos problemas fundamentais da educação e do ensino, nestes nossos tempos de transformações aceleradas: Como ensinar o que não aprendemos? A única resposta, por enquanto, é: Preparemo-nos para enfrentar o desafio da nova esfinge (o novo saber que está sendo engendrado): "Decifra-me! Ou mergulha na alienação!".

  Mais do que nunca a reordenação do mundo depende de cada um de nós; de nossa conscientização e atuação no meio em que as circunstâncias da vida nos colocaram. Como dizia o filósofo espanhol Ortega Y Gasset: "Eu sou eu e minha circunstância; se não a salvo, não me salvo também a mim!". E, possivelmente, as "circunstâncias" ligadas a você, que acabou de abrir este livro, estão ligadas à escola, à tarefa de orientar crianças e adolescentes, ou jovens em geral, a se autodescobrirem como seres preciosos que são, e a conquistarem os bens culturais necessários para viverem, em plenitude e conscientemente, na sociedade em que lhes cabe atuar.

  Muito se tem escrito, muito se tem discutido acerca das mil e uma teorias, análises e metodologias que vêm sendo propostas nas áreas limítrofes da pedagogia, educação e ensino. Destacando-se como das mais importantes as diferentes estratégias que levam à prática da leitura (desde a alfabetização ao domínio do texto) e à iniciação literária (desde a paráfrase até a análise crítica).

Muitas são as propostas, as correntes ou enfoques, mas, por enquanto, estamos ainda na fase das experimentações. As conquistas definitivas, sem dúvida, estão ainda muito longe de serem alcançadas, pois trata-se de uma "mudança de mentalidade", e não apenas de "metodologia". É, pois, preciso continuar testando, buscando... Essa é a nossa tarefa como professores e pesquisadores.

É no sentido de contribuir para a reflexão e a discussão sobre essa problemática que aqui foram reunidos estudos, artigos, ensaios e outros textos que, de diferentes ângulos, não só discutem as insuficiências da tal prática docente voltada para literatura e leitura, mas também sugerem estratégias para um novo fazer.

Neste mundo-em-transformação que é o nosso, a tarefa do professor torna-se vital, fundamental e difícil: guiar os novos para a conquista do saber, aspecto essencial para a formação da consciência-de-mundo, que fará de cada aluno uma pessoa feliz e atuante no meio em que lhe cabe viver e agir.

Urge que cada professor construa seu próprio conhecimento, seu próprio projeto de vida e ação, sintonizado com as novas forças que atuam no cyberespaço onde nos é dado viver, e no qual a palavra, um dia, quem sabe, nomeará a nova ordem que há de vir.

NELLY NOVAES COELHO – Formada em Letras pela Universidade de São Paulo (USP), especializada nas literaturas contemporâneas brasileira e portuguesa. Criou, na área de Letras da USP, a disciplina de literatura infantil. Como escritora, publicou mais de uma dezena de livros, dentre eles, *O conto de fadas – símbolos, mitos, arquétipos*, pela editora DCL.

CARLOS DRUMMOND DE ANDRADE:
UMA HISTÓRIA EXEMPLAR DE LEITURA

Marisa Lajolo

CARLOS DRUMMOND DE ANDRADE: UMA HISTÓRIA EXEMPLAR DE LEITURA[1]

Marisa Lajolo

Para Aldo de Lima, padrinho deste texto.

Fim

Por que dar fim a histórias?
Quando Robinson Crusoe[2] deixou a ilha,
que tristeza para o leitor do *Tico-tico*.
Era sublime viver para sempre com ele e com Sexta-Feira
na exemplar, na florida solidão,
sem nenhum dos dois saber que eu estava aqui.

Largaram-me entre marinheiros-colonos,
sozinho na ilha povoada,
mais sozinho que Robinson, com lágrimas
desbotando a cor das gravuras do *Tico-tico*[3].

Por que dar fim a histórias? Pergunta-se no primeiro verso do poema acima, publicado em *Boitempo*, livro de Carlos Drummond de Andrade editado pela primeira vez em 1968.

Creio que essa pergunta é compartilhada por muitos leitores. Quando uma história acaba, seu ponto final faz desaparecer o mundo com o qual nós, leitores, fomos nos envolvendo, passo a passo e cada vez mais ao longo da leitura. É essa sensação de perda que o poema de Drummond registra.

O fim da história – mesmo quando se trata de um final feliz – faz cessar o fluxo de expectativas que a narrativa promete a seus leitores. Frustradas, exacerbadas ou satisfeitas – mas sempre renovadas ao longo da leitura –, as expectativas empurram o leitor de uma página para outra, até que se chegue à última.

---

[1] Palestra proferida no dia 31/10/2001, em homenagem a Carlos Drummond de Andrade, no encerramento da 3ª Semana de Estudos Literários, na Universidade Federal de Pernambuco. Posteriormente publicada na revista *Calibán, uma revista de Cultura* – Rio de Janeiro, nº 6, ano 2003, p. 101-110.
[2] No original, "Cruzoe".
[3] *Boitempo*, 1968. Carlos Drummond de Andrade. *Poesia completa e prosa*. Rio de Janeiro, Aguilar, 1973, p. 391. Hoje publicado pela editora Record/RJ. Carlos Drummond de Andrade © Graña Drummond.

À luz dessa hipótese, podemos supor que o pequeno leitor a quem o poema dá voz sentiu-se lesado quando resgatado o herói do livro. Defoe – autor da história, por meio de seu tradutor/adaptador brasileiro – deixou em seu leitor uma sensação de fim de festa.

É aí que o leitor drummondiano esperneia: por que dar fim a histórias? – pergunta que faz sentido para quem vive a leitura como paixão desmedida.

Constatada a perda representada pelo fim da história, o texto prossegue acompanhando, a partir do segundo verso, a trajetória da leitura infantil, no que dela reconstitui a lembrança do adulto que escreve o poema. Sendo que, a partir do quarto verso, expressa-se o desejo do leitor, a utopia de uma história sem fim:

> Era sublime viver para sempre com ele e com Sexta-Feira
> na exemplar, na florida solidão [...]

Talvez se possa atribuir a esses versos uma formulação feliz da relação que se estabelece entre os bons leitores e o que lhes acontece quando se debruçam sobre narrativas: identificação, envolvimento, e não poucas vezes devoração antropofágica de personagens. Na expressão escolhida por Drummond para exprimir o encanto do leitor pela história que lia – "Era sublime viver para sempre com ele e com Sexta-Feira" –, o adjetivo **sublime**, de forte conotação positiva, qualifica uma situação de leitura caracterizada por uma imagem bastante próxima da metáfora com a qual Monteiro Lobato exprime seu ideal de livro infantil: "Um livro onde as crianças possam morar". Ou seja, tanto para o escritor Monteiro Lobato quanto para o pequeno leitor encenado pelo poema, livros são território livre, espaços que se tornam familiares, seguros, acolhedores para o leitor.

As expectativas que o poema "Fim" registra em sua primeira estrofe, de viver para sempre com as personagens, de morar nos livros, nos ensinam aspectos importantes da alquimia que enlaça leitores e leituras. Entre bons leitores e seus livros preferidos estabelece-se um pacto que se define por intimidade e identificação com o texto.

É a partir desses modos de envolvimento que o poema atribui sinal positivo a outra experiência de certos leitores com alguns textos: a experiência da **solidão,** no poema em análise considerada **exemplar** e **florida**. Fica com isso a sugestão de que a aprendizagem e a experiência dessa solidão partilhada com silenciosos seres de papel e tinta que habitam as páginas dos livros são uma das grandes belezas da experiência da leitura literária.

O poema de Drummond parece acolher esta interpretação de invasão solitária, consentida e prazerosa do texto pelo leitor e vice-versa, mas na singularidade do sexto verso da primeira estrofe, que modaliza a invasão do texto pelo leitor, o poema começa a apresentar embaraços para a interpretação:

> sem nenhum dos dois saber que eu estava aqui.

A palavra que fecha esse verso – o advérbio **aqui** – é, a meu ver, intrigante: **aqui** onde? Pode, com razão, perguntar o leitor do poema. Não seria antes **ali**?

A indagação sobre o advérbio abre um parêntese para os bastidores da preparação deste meu texto. Ao meditar sobre o poema, vi-me face a face com a fragilidade dos andaimes de que nos valemos nas interpretações que fazemos. Imaginando que o **aqui** da edição do poema que eu estava consultando (*Poesia completa e prosa*, José Aguilar Editora, 1973.) poderia ser um erro de impressão, pedi socorro aos amigos drummondianos, contando-lhes minha dúvida e pedindo-lhes opinião:

> sem nenhum dos dois saber que eu estava **aqui**
> ou
> sem nenhum dos dois saber que eu estava **ali**?

Na minha interpretação original e preferida – a de que o poema registrava uma experiência de leitura, evocando-a como envolvimento e completa identificação do leitor com a história que lia –, o advérbio **ali** me parecia mais adequado já que respeitava a tradicional divisão de territórios entre "quem lê" e "aquilo que é lido". O advérbio **ali** parecia perfeito para indicar que, ao longo da leitura, o leitor entrava na história, vivia com as personagens e dividia com elas o espaço de forma anônima: **nenhum dos dois sabia que ele estava ali.**

Como se vê, eu efetivamente preferia que o poeta tivesse escrito **ali**...

Mas minha hipótese do erro de impressão não se confirmou: as edições de todos os amigos que responderam ao pedido de socorro registravam o **aqui**. Comecei, então, a me perguntar: que interpretações seriam necessárias para o **aqui** fazer sentido?

Uma das hipóteses aceitáveis seria entender a noção de leitura como mergulho tão intenso no texto que, na lembrança da experiência relatada de leitura, o espaço da ilha de Robinson passasse a configurar o espaço não só *sobre o qual* o eu lírico falava, mas o espaço *a partir do qual* falava. Ou seja: o poema de Drummond se dizia *de dentro* da história de Defoe.

Outra interpretação também aceitável seria conceber a natureza da relação texto/leitor proporcionada pela leitura literária como simultaneamente de envolvimento e de distanciamento. Ou seja: a voz que fala no poema estaria ao mesmo tempo **lá** (dentro do livro, na ilha com Robinson e Sexta-Feira) e **cá** (empunhando o livro no qual se narra a história do náufrago inglês).

Pode ser? Talvez...

A solução do enigma só seria possível se fosse consultado o original do poeta (se é que tal original existe), e as inúmeras interpretações possíveis para o uso do **aqui** ficam por conta de cada leitor. Voltemos à interpretação porque, ao contrário das expectativas do leitor-narrador do poema "Fim" para as histórias que lia, todos esperam que as análises tenham um final... Então, voltemos a ela.

Na segunda estrofe, o poema reformula a queixa do leitor: reponta novamente a ideia de solidão, mas agora com conotação negativa. Não se trata mais da solidão consentida do leitor que, ao mergulhar num romance, se sabe sozinho com a história, único ser de carne e osso entre seres de papel e tinta.

Parece que nessa estrofe o poema fala de uma solidão semelhante à "solidão do homem na rua!"[4], forma de solidão aparentemente típica dos que vivem no mundo moderno, e tão constantemente mencionada

---

[4] Cf. "O boi", in: *José*. Carlos Drummond de Andrade. *Poesia completa e prosa*. Rio de Janeiro, Aguilar, 1973, p. 122.

na poesia drummondiana: "Nesta cidade do Rio, / de dois milhões de habitantes, / estou sozinho no quarto, / Estou sozinho na América"[5].

No poema "Fim", a menção a esta outra forma de solidão vem acompanhada de progressiva invasão do texto pelo sujeito: a segunda estrofe **individualiza** a experiência relatada de leitura, que a primeira estrofe impessoalizava com o uso da terceira pessoa. Essa passagem do **ele** ao **eu** (a primeira pessoa aparece apenas no sexto verso, que fecha a primeira estrofe), do geral para o particular, ganha realce quando se faz a brincadeira de ler o poema de baixo para cima.

É a partir da segunda estrofe que o "eu" passa a ocupar a cena inteira, destronando para sempre o leitor em terceira pessoa, enunciado de forma impessoalizada no terceiro verso: "que tristeza para **o leitor** do *Tico-tico* (grifo meu), de quem o eu lírico se faz porta-voz, lamentando a prática corriqueira de dar fim a histórias.

Como que a preparar a explosão do **eu** no sexto verso, no quarto e no quinto multiplicam-se adjetivos e advérbios, ausentes nos três primeiros versos.

É como se o poema começasse a falar de leitura, livros e leitores em um tom contido e impessoal, num cenário asséptico, assepsia que se rompe na segunda estrofe, em que predomina o uso da primeira pessoa. Nesse trecho, a menção à solidão é acompanhada pela retomada da nota sobre o desencanto com o final da história, porém com sutil rotação de sentidos: o poeta-leitor não só se queixa de que as histórias tenham um final, mas também reclama do final específico da história de Robinson Crusoe:

> Largaram-me entre marinheiros-colonos,
> sozinho na ilha povoada,

O enredo da história de Defoe, publicada na Inglaterra em 1719 (*The life and strange surprising adventures of Robinson Crusoe*), talvez contribua com elementos substantivos para uma discussão mais cuidadosa deste segundo grau de desencanto do pequeno leitor evocado pelo poeta de Itabira.

Ao ser resgatado, Robinson Crusoe deixa na ilha um gérmen de civilização, que se articula bem com a política colonialista inglesa daquela época. O processo de civilização/colonização manifesta-se, por exemplo, no

---

[5] Cf. "A bruxa", in: *José*, op. cit.

sucesso da iniciativa agrícola e pecuária de Robinson na ilha, mas manifesta-se também e sobretudo por meio da sugestão da escravização dos nativos, escravidão da qual a relação de Robinson com Sexta-Feira é um exemplo: a primeira palavra inglesa que Robinson ensina ao nativo é *master*.

A relação dos dois homens pode ser lida como de domínio de um sobre o outro, e a naturalidade com que a história relata episódios ligados à escravização e ao tráfico de africanos manifesta-se em várias passagens da história, uma das quais se passa inclusive no Brasil, de onde o protagonista parte para traficar escravos para fazendeiros.

A partir dessa rápida interpretação do romance de Defoe, podemos retornar ao poema de Drummond, considerando que o pequeno leitor protagonista do poema não é o único a fazer restrições ao final da história de Defoe. A tradição crítica de cunho sociológico desse clássico da literatura inglesa é praticamente unânime em apontar a desconfortável mensagem colonizadora e imperialista embutida na história do náufrago famoso.

Como náufrago, Robinson Crusoe frustra expectativas alimentadas pela tradição da narrativa de aventuras, que, talvez na esteira de Simbad – o marujo das *Mil e uma noites* –, crie expectativas de livros protagonizados por marinheiros românticos de espírito aventureiro. E não é isso o que se encontra no livro de Defoe: em *Robinson Crusoe*, desde o começo o que temos são homens que viajam a negócios, incluindo-se neles o tráfico de escravos.

Assim, o narrador-leitor drummondiano do poema "Fim" – retornando à infância – está em seleta companhia ao reclamar do subtexto ideológico do *best-seller* de Defoe: a ilha, outrora solitária, e por isso convidativa para o sonho e a fantasia por meio do envolvimento e da solidão, povoa-se de marinheiros industriosos, colonizadores exemplares, sempre de olho nos ganhos, do que reclama o protagonista do poema.

Como se vê, o leitor de papel e tinta representado no poema "Fim" está facultando a nós – seus leitores de carne e osso – uma viagem pela leitura alheia. Não pela leitura no momento de sua ocorrência, mas pela leitura tal como a fixa, processa e evoca a memória.

Privilégio raro o nosso de lermos leituras alheias, ainda que filtradas pela memória.

Para aumentar nosso privilégio, não se trata de uma memória qualquer, mas da memória de um grande poeta, treinada em intensos e talvez diários exercícios de leitura, releitura e reflexão sobre ela. Não podemos, é claro, acreditar ingenuamente no relato drummondiano. Mas podemos, de alguma forma e com certa boa vontade, considerar que o poema se constrói com dados biográficos, já que em outros momentos de sua obra Drummond menciona o mesmo romance de Defoe. Tal menção ocorre na crônica "Vinte livros na ilha", em que, comentando "(...) o gosto romântico que todos nós guardamos pela viagem, cada vez menos possível, às terras misteriosas que a civilização não desencantou", Drummond acaba chegando à figura de Robinson[6]. A obra de Defoe está presente também em inventários que o poeta faz de sua infância, como, por exemplo, no antológico "Infância", segundo poema de seu livro de estreia, *Alguma poesia* (1930):

Infância

A Abgar Renault

Meu pai montava a cavalo, ia para o campo.
Minha mãe ficava sentada, cosendo.
Meu irmão pequeno dormia.
Eu sozinho menino entre mangueiras
lia a história de Robinson Crusoe,
comprida história que não acaba mais.

No meio dia branco de luz uma voz que aprendeu
a ninar nos longes da senzala – e nunca se esqueceu
chamava para o café.
Café preto que nem a preta velha
café gostoso
café bom

Minha mãe ficava sentada cosendo
olhando para mim:
– Psiu... Não acorde o menino.
Para o berço onde pousou um mosquito.
E dava um suspiro... que fundo!

---

[6] Cf. "Vinte livros na ilha", in: *Confissões de Minas*, op. cit., p. 786.

> Lá longe meu pai campeava
> no mato sem fim da fazenda.
>
> E eu não sabia que minha história
> era mais bonita que a de Robinson Crusoe.[7]

Assim como no poema "Fim" foi mencionada estranheza ante a inadequação do advérbio **aqui**, que colocava pedras no caminho da interpretação, em "Infância" tropeçamos no tempo do verbo que fecha a primeira estrofe e pode frustrar a expectativa de um leitor que esperasse uma correlação mais amarrada de tempos verbais: **acaba** é a única ocorrência de presente do indicativo em todo o poema. O imperfeito **acabava** não combinaria melhor com o também imperfeito **lia**?

De novo deixemos ao leitor o exercício de compatibilizar os dois poemas robsonianos de Drummond, mas registremos que são obras de recorte autobiográfico, memorialísticos, e é sobre isso que trataremos agora.

Ao longo da vida, as reações bioquímicas que chamamos de memória vão selecionando o que **deve** e o que **não deve** ser lembrado, e **como** algo deve ser lembrado. A memória é seletiva e pouquíssimo confiável, como se percebe em todas as peças que ela nos prega quando nos lembramos de algo. No caso dos textos em análise, então, o logro do leitor pode ser duplo, já que, além de memorialísticos, trata-se de poemas e, como ensinou outro poeta, Fernando Pessoa: "O poeta é um fingidor".

Não poderia, assim, haver enganos na menção à leitura infantil da história de Robinson Crusoe? Seriam esses poemas evocações corretas de situações concretas de leitura do menino Carlos que há mais de cem anos nasceu em Itabira? Teria, efetivamente, a história de Robinson sido publicada em *O Tico-tico*, como sugere o poema "Fim"? E se tivesse mesmo sido publicada, será que era ilustrada com desenhos passíveis de desbotarem com as lágrimas do leitor?

A partir dessas interrogações, abre-se a hipótese de encontrarem-se nos dez curtos versos de "Fim" marcas de uma história individual de leitura que, não obstante pessoal, se cruza com a história de leitura da sociedade na qual vivia essa criança leitora.

---

[7]Carlos Drummond de Andrade. *Alguma Poesia*, in: *Poesia completa e prosa*. Rio de Janeiro, Aguilar, 1973, p. 53-54. Hoje publicado pela editora Record/RJ. Carlos Drummond de Andrade © Graña Drummond.

O que se teria no poema "Fim", nesta interpretação, seria um depoimento de leitura, ainda que, por decoro teórico, mantenhamos a distância entre a biografia de Drummond e o eu lírico que fala no referido poema. Pois o caráter de depoimento do poema começa a ganhar historicidade quando o cruzamos com outro texto do poeta de Itabira em que também se faz menção à sua iniciação à leitura, o texto "O mistério das palavras", de 1980, do qual se extraiu o trecho abaixo:

> Aí por volta de 1910 não havia rádio nem televisão, e o cinema chegava ao interior do Brasil uma vez por semana, aos domingos. As notícias do mundo vinham pelo jornal, três dias depois de publicadas no Rio de Janeiro. Se chovia a potes, a mala do correio aparecia ensopada, uns sete dias mais tarde. Não dava para ler o papel transformado em mingau.
>
> Papai era assinante da "Gazeta de Notícias", e antes de aprender a ler eu me sentia fascinado pelas gravuras coloridas do suplemento de domingo. Tentava decifrar o mistério das letras em redor das figuras, e mamãe me ajudava nisso. Quando fui para a escola pública, já tinha a noção vaga de um universo de palavras que era preciso conquistar. (Andrade *et alii*, 1980, p. 6.)

Como duvidar de uma voz que entre suas credenciais de veracidade inclui o registro voluntário da imprecisão característica da lembrança, marcada pela expressão "ali por volta de", que constitui o tom exato de quem fala de fatos distantes, porém verdadeiros?

Também verossímil – e além disso, verdadeiro – é o cenário de um interior brasileiro sem rádio ou televisão, com apenas uma sessão dominical de cinema, como também é real o fato de os jornais cariocas viajarem pelo correio – às vezes movido a lombo de burro – e chegarem atrasados ao destino e, não raras vezes, transformados em mingau nos dias de chuva forte.

Foi assim, efetivamente nesse cenário, que se formou um dos maiores poetas da língua portuguesa: por volta de 1910, Carlos Drummond de Andrade já tinha oito anos e iniciava seus estudos no grupo Escolar Dr. Carvalho Brito.

A crônica nos ensina que este itabirano de oito anos, em uma cidadezinha onde tudo ia devagar, já tinha contatos com o mundo de impressos e de leitura. Junto à família, o menino convivia com práticas cotidianas de leitura, no interior das quais os universos masculino, feminino e infantil distinguiam-se e complementavam-se. O pai assinava um jornal importante, e esse periódico apresentava um suplemento ilustrado que chamava a atenção do menino, motivando-o a aprender a ler.

Este suplemento sugere a existência, já naquele tempo, de um segmento diferenciado de público leitor (o infantil) ao qual era necessário seduzir e satisfazer. Se as gravuras coloridas falam da modernidade do parque gráfico brasileiro, já disponível naquele tempo, a crônica aponta um modo de aprendizado do menino a cuja casa o jornal chegava pelo correio.

É aqui que, complementando imaginosamente a informação da crônica a partir do poema "Fim", podemos deduzir que o correio, além de levar a sisuda *Gazeta de Notícias*, também transportava para o interior de Minas Gerais a revista semanal *O Tico-tico*. Fundado em 11 de outubro de 1905, esse periódico obteve grande sucesso, com tiragens que variavam de 20 a cem mil exemplares até 1962.

É pelas páginas dessa revista que retornamos ao poema "Fim", e, por meio dele, à história da leitura no Brasil. O poema pode registrar não apenas o raro flagrante da complexa relação entre um texto e seu leitor, que é como o vimos lendo até aqui, mas simultaneamente ilustrar um certo modo de circulação de textos literários muito importante para a iniciação à leitura.

Nascido em 1902, Drummond tinha quase três anos quando *O Tico-tico* começou a circular. Será verdade, como o poema sugere, que foi nesse periódico – lendo a história de Robinson Crusoe – que o poeta viajou com o náufrago para a ilha? "Quando Robinson deixou a ilha, / que tristeza para o leitor do *Tico-tico*", queixa-se o eu lírico.

Ou seja: detalhes das queixas registradas no poema nos permitem supor que o Robinson que Drummond leu foi uma versão adaptada, narrada em folhetins que, como os capítulos das novelas de TV, enleia por um largo tempo seus consumidores leitores ou espectadores.

Ao longo de quantos números da primeira revista infantil brasileira de sucesso, o pequeno leitor de Itabira teria acompanhado a história e vivido, por meio da imaginação, a paulatina civilização que Robinson ia impondo naquela ilha tropical?

Ao longo exatamente de 18 números![8]

Com efeito, no número 267 da revista, publicado em 16/11/1910 (Ano VI), anuncia-se na quarta capa da revista a publicação da obra de Defoe: "No próximo número começará a publicação d'esse maravilhoso Romance". Para chancelar a evocação do poeta, a revista informava ainda que a publicação seriada seria "ilustrada em cores".

A partir do número seguinte, o nº 268 (publicado em 23/11/1910) até o 285 (datado de 22/3/1911) a cada semana os pequenos leitores da revista encontravam, nas duas páginas finais da publicação, fartamente ilustradas, os vários episódios da história, do naufrágio ao resgate, e a menção a eventuais novas viagens de Robinson.

Ou seja: podemos dar um crédito de veracidade histórica ao poema "Fim" e ao relato do poema "Infância". Pois, no que se refere à materialidade das condições de leitura disponíveis no Brasil do hoje centenário menino de Itabira, inscrevem-se em alguns de seus poemas fragmentos e pegadas necessárias para as tão necessárias pesquisas sobre práticas e modos de realização da leitura em nosso país.

MARISA LAJOLO – Professora titular de teoria literária no Instituto de Estudos da Linguagem da Unicamp, onde desenvolve o projeto Memória da Leitura. Tem vários títulos publicados sobre a história da leitura.

---

[8]A autora agradece a Letícia Malard a sugestão do local para desenvolver a pesquisa e ao Dr. José Mindlin não só a disponibilidade com que franqueou sua coleção da revista *O Tico-tico*, mas também o entusiasmo com que compartilhou a alegria da descoberta do texto de Defoe.

REFERÊNCIAS BIBLIOGRÁFICAS

ANDRADE, Carlos Drummond de. *Poesia completa e prosa.* Volume único. Rio de Janeiro: Companhia José Aguilar Editora, 1973.

_____. et alii. *Para gostar de ler — Crônicas.* São Paulo: Ática, 1980.

**ENSINO-APRENDIZAGEM E LEITURA:
DESAFIOS AO TRABALHO DOCENTE**

Ezequiel Theodoro da Silva

ENSINO-APRENDIZAGEM E LEITURA: DESAFIOS AO TRABALHO DOCENTE

Ezequiel Theodoro da Silva

Em que pese a complexidade teórica dos processos de ensinar, aprender e ler, acredito que todas as pessoas já ensinaram e aprenderam muitas coisas no transcurso de suas vidas. E estamos até agora ensinando, aprendendo e lendo. E vamos continuar nesse processo de ensino, aprendizagem e leitura porque o ensinar, o aprender e o ler são os primeiros sustentáculos do processo de conhecer. Assim, o conhecimento, a construção do conhecimento pelo outro que é meu aluno, coloca-se como compromisso primeiro de todo professor. Ou seja, para promover verdadeiramente o conhecimento junto aos seus grupos de estudantes, em um determinado contexto escolar e no decorrer do tempo, o professor tem de ensinar bem, e para ensinar bem ele deve aprender sempre e ler continuamente ao longo da vida.

Em vez de falarmos do binômio ensino-aprendizagem, regado ou coroado pela leitura, seria melhor falarmos do trinômio aprendizagem-ensino-aprendizagem. Mesmo porque quem ensina precisa primeiro aprender para depois poder ensinar. Inclusive, atualmente, um dos mais graves problemas da educação brasileira é o fato de boa parcela de professores – de todos os níveis do ensino, da escola infantil à universidade – se meter a ensinar aquilo que não sabe; ou pior, deixar que os livros didáticos, os manuais, os vídeos, os programas ou *softwares* de computador ensinem em seu lugar, tornando-se, esses pseudoprofessores, meros repetidores de coisas prontas, meros tutores ou coadjuvantes de um processo (o processo de ensino) do qual tinham de ser sujeitos. Os professores deveriam saber organizar seus programas didáticos com autonomia e fundamentação política e pedagógica adequada, a partir de leituras e sínteses pessoais, de modo que aquele compromisso com a construção do conhecimento por parte dos seus alunos se realizasse por meio de diálogos e interações mais autênticas, menos postiças ou artificiais.

Mas vale lembrar que a aprendizagem anterior e continuada do professor não significa a simples aquisição de um conhecimento que será, posteriormente, quando ele estiver na ativa, "repassado" aos seus alunos ou "despejado" sobre eles. Creio que Paulo Freire já fez as devidas críticas ao chamado "ensino bancário", ou seja, a transmissão unidirecional, verticalizada de informações para serem copiadas, memorizadas e devolvidas dentro de um ritual insípido, em que os aspectos mecânicos da aprendizagem (pseudoaprendizagem) tomam um tempo imenso em sala de aula para serem esquecidos assim que o aluno sair dela. Não é disso que estamos falando. A aprendizagem anterior e continuada do professor deve levá-lo a uma criticidade e coerência permanentes no momento de tomar decisões pedagógicas, no encaminhamento da educação dos jovens que ele tem pela frente e que lhe cabe situar na vida. Deve, inclusive, ajudá-lo a ver que, hoje em dia, a exposição seguida de memorização tem pouco a ver com as teorias relacionadas com a aprendizagem duradoura e significativa. Além disso, nesse mundo onde as mudanças são rápidas, as pessoas têm de aprender a aprender – e por vezes a desaprender para reaprender –, a fim de acompanhar as rápidas transformações que ocorrem.

Situa-se aqui o primeiro grande desafio do ensino-aprendizagem, ou seja, "ler" criticamente o mundo contemporâneo para perceber que dentro dele ocorre uma veloz explosão de informações – explosão essa difundida não somente pela escrita e seus diferentes suportes, mas também pela extensa gama de meios de multimídia e, mais recentemente, pela internet. Quer dizer, o número de fontes e o volume de informações expandiram-se exponencialmente, e não há como a escola – ou um professor específico – dar conta de acompanhar essa avalanche imensa de informações. Tendo em vista as características desse nosso mundo, é mais do que certo que a escola e os professores tenham de encontrar outra postura de ensino, que não apenas exponha informações e outra concepção de aprendizagem, que não somente devolva, pela memorização, aquilo que foi exposto pelo professor e/ou livro didático. Mais ainda, é preciso encontrar outra visão de leitura, que permita a seleção daquilo que é relevante e digno de ser utilizado em novas sínteses do conhecimento.

Recuperando aqui uma reflexão muito profunda de Edgar Morin a respeito da educação do futuro, que é afinal a visão de educação do momento presente, acredito que o desafio maior do ensino e da aprendizagem escolarizados resida no âmbito da "aptidão para organizar o conhecimento" – isto porque, como afirma ele:

> (...) existe inadequação cada vez mais ampla, profunda e grave entre, de um lado, os saberes desunidos, divididos, compartimentados e, de outro, as realidades ou problemas cada vez mais multidisciplinares, transversais, multidimensionais, transnacionais, globais e planetários. (Morin, 2000, p. 36.)

Daí, então, a necessidade de um ensino, mais do que nunca, voltado para a elucidação do contexto em que residem as informações, para o relacionamento entre o todo e as partes, para a análise das múltiplas vertentes dos fenômenos e para o esclarecimento crítico da interdependência, interatividade das partes que constituem os objetos ou os conteúdos a serem propostos como estudo e aprendidos em curso. Não resta dúvida de que diferentes processos de leitura permeiam todas essas ações do sujeito.

Outro desafio que considero importante destacar diz respeito ao próprio conceito de "aula". Todos nós, professores ou aspirantes a professores, temos em nosso imaginário uma imagem ou concepção do que vem a ser uma aula. Para alguns, talvez seja aquele sacrifício matutino, vespertino ou noturno de suportar um grupo de "capetas" por 45 minutos, torcendo para que os minutos passem bem rápido e soe o sinal, indicando que é hora de seguir para o grupo seguinte, sentindo exatamente a mesma coisa. Para outros, talvez seja o momento de domar os aprendizes, fazendo-os curvar--se à sua autoridade por meio da disciplina, das centenas de exercícios, das muitas pesquisas sem rumo na biblioteca, das provas em que é cobrada a matéria não ensinada, a fim de aumentar a reprovação ou, então, o que também é muito comum, de mostrar que quem manda na classe é sempre o professor. Para outros, ainda, talvez seja apenas marcar as páginas do livro didático a serem transcritas na lousa e pedir que os alunos copiem e façam os exercícios daquela lição. A essas concepções de aula, gostaria de contrapor outra, apresentada por Maria do Rosário Mortatti (1993, p. 230):

Receita de Ambrosia

> "Entre comer e saber comer,
> a diferença é apreciável..."
>
> *Dona Benta*

"Professora, como você prepara suas aulas?"
(Ou terá sido: "Como você ama?")

1º ATO: O Ensaio

- imagino as necessidades orgânicas e as fantasias do paladar;
- penso no prato do dia: o que quero compartilhar?;
- projeto o requinte do ritual da última ceia;
- busco receitas nas prateleiras das estantes e ingredientes nas despensas da memória;
- elejo o que se ajusta ao tempo e formas que tenho;
- tempero: o agora de depois;
- preparo: misturo – sinto – palavreio – experimento – penso – saboreio entrego-me: fogo forte, fervura; fogo brando, vigília.

2º ATO: O Ritual

- convido: senta-se à mesa comigo? O prazer é todo meu;
- o aperitivo, sinfonia de cristais; a toalha, cenário de linho; a entrada, dança de olhos – farfalhar de pernas; o prato principal, pantomima de línguas – sussurro de talheres; a sobremesa, entremeio de aromas; o café, teia de sensações; o licor, arremate do sabor.

3º ATO: A Solidão

- repouso: foi bom, meu bem?;
- enfim!;
- fecho portas, recolho destroços, giro botões, apago luzes;
- re-me-moro, re-te-moro? re-projeto, te revejo?

"E vocês, como saciam a fome?"

Vejam que se trata de uma resposta poética a uma pergunta que todos nós fazemos: como, de que forma, de que maneira planejar nossas aulas, nossos cursos, de modo que sejam bem-sucedidos junto aos nossos alunos? Minha interpretação da "Receita de ambrosia" de Maria do Rosário mostra que o planejamento significativo recupera e joga muito mais com a criatividade, a imaginação e a memória do professor do que com os aspectos técnicos ou tecnológicos do processo. Mais especificamente, a verdadeira aula articula ou "ensaia" elementos oriundos da imaginação com os ingredientes presentes na memória do professor. Daí a substância de vida e de humanidade assinalar que o conteúdo da aula nasceu da alma do professor, e não de um insípido manual de ensino, que não tem olhos nem sentimentos para notar os estudantes que, dentro de um espaço e tempo específicos, serão ensinados por um professor.

A "Receita de ambrosia" de Maria do Rosário ainda aponta para o fato de que ao ensaio e ao ritual da aula segue-se o momento da avaliação. O momento de rememorar se do ensino brotou a aprendizagem significativa e quais rumos a serem tomados na sequência. Temos nesse poema uma visão de planejamento da aula em três atos que não podem ser separados: o da criatividade/imaginação/memória (arquitetura antecipada da ação), a prática da aula em si com toda a sua complexidade (ação propriamente dita) e a avaliação que se segue, quando o professor rememora e reprojeta a ligação com os rumos seguintes da aula. Dentro dessa perspectiva, a didática deixa de ser uma resposta ou receita fechada do "como ensinar" para transformar-se em um ato de criação, de bolação, de sacação, tendo respaldo na experiência, na sensibilidade e no conhecimento do professor – conhecimento este que não é apenas da matéria, mas de todo o contexto em que o ensino-aprendizagem ocorre concretamente: da comunidade de pais, do bairro, dos alunos, dos demais professores, da administração da escola etc.

Outro desafio diz respeito à situação do professor ante o ensino-aprendizagem. Para tal, tomo como elemento de reflexão um poema de Bertold Brecht que diz o seguinte:

Muletas[1]

Há sete anos, eu não dava nem um passo.
Quando a um bom médico fui consultar,
ele indagou: Para que essas muletas?
E eu disse: Não posso andar.

Ele disse: Com esses dois trambolhos
a atrapalhá-lo, não é de estranhar.
Pois ande, caia, rasteje, engatinhe,
tenha bondade de experimentar!

A rir feito um desalmado,
Minhas belas muletas apanhou;
quebrou-as nas minhas costas
e, rindo, ao fogo as lançou.

Fiquei bom: hoje eu ando.
Curou-me aquela risada sonora...
Só mesmo às vezes, quando vejo um pedaço de pau,
passo um pouco pior algumas horas.

Creio que todos os professores já conhecem essa velha imagem do professor como um ser que, para movimentar-se, precisa de muletas de diferentes tipos. Por exemplo, as normas do regimento escolar, os PCNs, os modismos que aparecem, os guias curriculares, o livro didático, a avaliação bimensal, as lições prontas e acabadas, os horários rígidos, as rotinas e tantas outras muletas. Essa imagem nada mais representa do que o conjunto de condicionantes que corroem a autonomia e a independência do professor. Por isso, muitas vezes, somos chamados de profissionais ou trabalhadores de "segunda categoria", sendo, logicamente, nosso salário condizente com essa posição.

O problema é como tirar as muletas e não deixar o professor cair... Retomando um pouco daquilo que aprendi sobre a fenomenologia e a hermenêutica da leitura, creio que é chegado o

---
[1] BRECHT, Bertold. 80 *poemas e canções*.
Extraído e traduzido a partir do link: http://cosesquepassen.blogspot.com
Consulta realizada em 25/6/2004.

momento de haver certo despojamento dos professores em relação a tanta bobagem e às muitas falsidades que ocorrem no universo da educação brasileira. Quero dizer com isso que existe muito lixo teórico, acadêmico, pedagógico em nosso campo de trabalho. E, se esse lixo não for percebido criticamente por meio de leituras competentes, pode levar ao ofuscamento total do que vem a ser um trabalho docente digno desse nome. Em verdade, e não querendo caricaturar por demais a situação, parece que fomos levados a não mais ver os alunos concretos que temos diante de nós, pois eles foram transformados em números, figuras sociológicas e/ou então em meras criaturas saídas de alguma teoria psicológica. Portanto, se tirarmos todas as muletas que nos foram impostas, talvez possamos recomeçar a ver as coisas da escola e as pessoas da escola como elas realmente são e merecem ser tratadas. Sair da cegueira gerada por uma mistura muito grande de orientações teóricas desencontradas, por guias idealistas, sem pé na realidade, este me parece ser outro grande desafio para repensarmos o ensino-aprendizagem neste momento histórico.

Ainda tentando refletir sobre as árduas dificuldades enfrentadas pelo professor para abandonar as muletas, cabe mencionar alguns trechos sobre a vida docente, conforme pensada e elaborada por Samir Curi Meserani, um grande educador e amigo que infelizmente perdemos há cerca de cinco anos:

> Viver é ter que preparar aula correndo, não encontrar o livro desejado, sair de casa às pressas, dirigir o carro com uma perua Kombi bem na nossa frente, ficar rodando em volta do prédio da escola à procura de um lugar para estacionar, entrar na aula ofegante e perguntar: "Onde foi que nós paramos na última aula?" E ver que ninguém sabe.
> Viver é ter que ir a mais uma reunião na escola na segunda-feira, sabendo que não vai ser decidida coisa nenhuma.
> Viver é ir correndo ao banco no fim das aulas da manhã, desfilar fila por fila em frente ao guichê para pagar a conta da luz, da água, do gás, do telefone, o aluguel, o condomínio, o carnê da prestação, o IPTU, o IR, o ISS, a licença do carro 87 que venceu, o plano

privado de saúde... perdendo horas e horas que nos são roubadas pelo sistema financeiro nacional.

Viver é ter guardada em casa uma lista de livros que um dia a gente acha que vai ter tempo de ler.

Viver é ter que ler mais uma proposta curricular feita por pessoas que parecem jamais ter entrado em uma sala de aula, uma proposta cheia de jargão acadêmico, com objetivos delirantes e, ainda por cima, com aquele jeitão de ciência.

Viver é ter que acordar cedo, tirar xerox, autenticar, reconhecer firma, ir ao dentista, passar no supermercado, levar o aspirador de pó para o conserto, procurar um encanador, ajudar os filhos nas lições de casa, tentar renovar o cheque especial, dar aula, ir à assembleia dos professores e... de repente perceber que esqueceu o mais importante." (Meserani, 1989, p. 9.)

O último desafio que quero propor está relacionado com uma questão recorrentemente tratada nas teorias críticas sobre o processo de aprendizagem. De Piaget a Vigotsky, fala-se na importância da ação sobre o objeto e da interação entre sujeitos, para que ocorra aprendizagem significativa. Se essas proposições puderem ser tomadas como objetivas (e creio que possam), os estudantes com seus pares somente aprendem à medida que intencionalmente agem sobre os objetos que têm por meta conhecer. Seja para uma mudança qualitativa nos seus estágios de desenvolvimento, seja para transformar a zona de desenvolvimento proximal em zona de desenvolvimento real, os estudantes devem ser mobilizados a partir de situações desafiadoras, trabalhando com o professor e seus colegas de classe ou da escola. Para que isso seja possível, é necessário pensar na qualidade dos objetos colocados à disposição dos alunos, de modo que possam agir sobre tais objetos. Muitas vezes, a escola carece de bons materiais para o estudo, como livros, bibliotecas, jogos de aprendizagem, vídeo, cinema, acervos didáticos etc., o que restringe a qualidade dessa ação. Assim sendo, ainda que o professor queira provocar no aluno a ação sobre objetos que favoreçam a aquisição de conhecimentos, isso não é possível, pois esse apoio logístico é inexistente ou precário no âmbito da escola. Por isso é necessário, mesmo que tardiamente (estamos no começo do terceiro milênio da era cristã), pensarmos nas conquistas que temos pela frente em relação a escolas bem abastecidas com bons equipamentos e materiais pedagógicos, de modo que qualifique as relações e interações que se desejar fazer em direção a aprendizagens significativas pelos estudantes.

EZEQUIEL THEODORO DA SILVA – Formado em Língua e Literatura Inglesa, mestre em Educação, doutor em Psicologia da Educação e livre-docente em Metodologia do Ensino. É professor colaborador-voluntário e membro do Grupo de Pesquisa ALLE – Alfabetização, Leitura e Escrita da Faculdade de Educação/Unicamp. É um dos fundadores da ALB – Associação de Leitura do Brasil e o seu Presidente de Honra, tendo em muito colaborado para a realização dos COLEs – Congressos de Leitura do Brasil. Investiga aspectos ligados à problemática da leitura no Brasil, tendo publicado mais de 20 livros a respeito do assunto.

REFERÊNCIAS BIBLIOGRÁFICAS

MESERANI, Samir Curi. "Vida de professor". In: Revista *Sala de Aula*. São Paulo: Editora Abril, nº 78, maio/1989.

MORIN, Edgar. *Os sete saberes necessários à educação do futuro*. São Paulo: Cortez Editora e Unesco, 2000.

MORTATTI, Maria do Rosário. *Em sobressaltos: formação de professora*. Campinas: Unicamp, 1993.

FORMAÇÃO DE LEITORES E RAZÕES PARA A LITERATURA

Ricardo Azevedo

FORMAÇÃO DE LEITORES E RAZÕES PARA A LITERATURA

Ricardo Azevedo

Fala-se muito em "formação de leitores". É "politicamente correto" elogiar a literatura e a leitura. Infelizmente, não poucas crianças têm contato com adultos – pais, professores e outros – que recomendam a leitura, falam em livros e autores "clássicos", mas, na verdade, não são leitores nem se interessam pela literatura. Apesar de bem-intencionadas, essas pessoas, adeptas da filosofia do "faça o que eu digo, não faça o que eu faço", costumam descrever a literatura de forma bastante idealizada. Falam em algo "mágico", num prazer "indescritível", referem-se a "viagens" e coisas assim. Raramente, porém, talvez por não terem experiência, lembram-se de comentar, por exemplo, que a leitura, como muitas coisas boas da vida, exige esforço e que o chamado prazer da leitura é uma construção que pressupõe treino, capacitação e acumulação. O contato com adultos pseudoleitores e com idealizações infelizes a respeito da literatura e da leitura, de qualquer forma, tenho certeza, não tem contribuído para a formação de novos leitores.

Mas o que é exatamente um leitor? De um certo ponto de vista, é possível dizer que leitores são simplesmente pessoas que sabem usufruir os diferentes tipos de livros, as diferentes "literaturas" – científicas, artísticas, didático-informativas, religiosas, técnicas, entre outras – existentes por aí. Conseguem, portanto, diferenciar uma obra literária e artística de um texto científico; ou uma obra filosófica de uma informativa. Leitores podem ser descritos como pessoas aptas a utilizar textos em benefício próprio, seja por motivação estética, seja para receber informações, seja como instrumento para ampliar sua visão de mundo, seja por motivos religiosos, seja por puro e simples entretenimento.[1]

---

[1] Cf. nosso artigo "Aspectos da literatura infantil brasileira hoje". In: Revista *Releitura*: Belo Horizonte, 2001, nº 15. Disponível no site: www.ricardoazevedo.com.br

Todas as "literaturas", é preciso dizer logo, são importantes e têm sua razão de ser. A indiferenciação entre elas, entretanto, pode afastar as pessoas da leitura.

Para ficar num exemplo: imagine que uma criança pressuponha que todos os livros, no fundo, sejam didáticos. Ela vai ler um livro de poesia partindo da premissa de que está estudando e, assim, ver-se-á obrigada a captar, entender e aprender uma lição, e mais: imaginará que todos os leitores desse livro deverão necessariamente chegar à mesma e única interpretação.

Se para um livro didático-informativo tal expectativa é perfeitamente válida, diante de uma obra poética ela passa a ser esdrúxula, além de revelar um lamentável equívoco que, possivelmente, afastará qualquer futuro leitor da literatura. Logo abaixo, pretendo esclarecer a que literatura, principalmente, estou me referindo.

É importante deixar claro: para formar um leitor é imprescindível que entre a pessoa que lê e o texto se estabeleça uma espécie de comunhão baseada no prazer, na identificação, no interesse e na liberdade de interpretação. É necessário também que haja esforço, e este se justifica e se legitima justamente através dessa comunhão estabelecida.

Dentre as várias "literaturas" existentes, a que aqui nos interessa é a que pressupõe a motivação estética. Refiro-me a essa forma de arte feita com palavras convencionalmente chamada de Literatura. Vale a pena apontar algumas de suas principais características.

Em primeiro lugar, falar em Literatura significa remeter obrigatoriamente à ficção e ao discurso poético.

Através do discurso poético, abrimos mão da linguagem objetiva, lógica, sistemática, impessoal, coerente e unívoca dos livros didático-informativos. Não por acaso, as obras didáticas costumam apresentar um discurso muito semelhante entre si, pois nelas a voz pessoal do autor praticamente desaparece. A razão é simples: esse tipo de livro pretende que todos os seus leitores cheguem à mesma e única interpretação. Para atingir tal objetivo não é possível, evidentemente, recorrer a discursos que possam resultar em múltiplas leituras.

Ao contrário, o discurso poético, o texto literário por definição, pode e deve ser subjetivo; pode inventar palavras; pode transgredir as normas oficiais da Língua; pode criar ritmos inesperados e explorar sonoridades entre palavras; pode brincar com trocadilhos e duplos sentidos; pode recorrer a metáforas, metonímias, sinédoques e ironias; pode ser simbólico; pode ser propositalmente ambíguo e até mesmo obscuro. Tal tipo de discurso tende à plurissignificação, à conotação, almeja que diferentes leitores possam chegar a diferentes interpretações. É possível dizer que quanto mais leituras um texto literário suscitar, maior será sua qualidade.[2]

Para além do discurso poético, falar em Literatura pressupõe recorrer à ficção. Sempre que entramos no plano da ficcionalidade, abdicamos da tentativa (válida) de ver o mundo do ponto de vista da objetividade (vê-lo pelo viés do "não-sujeito"), da lógica sistemática e do pensamento analítico – em resumo, o modelo "científico" característico dos livros didático-informativos. Através da ficção, penetramos no patamar da subjetividade (a visão de mundo pessoal e singular), da analogia, da intuição, do imaginário e da fantasia.

Abro parênteses: enquanto os livros didático-informativos necessitam de atualização periódica, afinal as informações e as metodologias mudam constantemente, não faz sentido atualizar uma obra literária ou poética, a não ser que tal procedimento se restrinja às normas de ortografia.

De qualquer forma, é preciso afirmar, e veementemente, que a literatura de ficção, tal como as obras didático-informativas e outras, pode ser também uma forma de pensar sobre a vida e o mundo.

Através de uma história inventada e de personagens que nunca existiram, é possível levantar e discutir, de modo prazeroso e lúdico, assuntos humanos relevantes, muitos deles, aliás, geralmente evitados pelo discurso didático-informativo – e mesmo pela ciência – justamente por serem considerados subjetivos, ambíguos e imensuráveis.

---

[2] Cf. nosso artigo "Diferentes tipos de imagens para diferentes tipos de texto", disponível no site: www.ricardoazevedo.com.br

Quais são eles? Entre outros: as paixões e as emoções humanas; a busca do autoconhecimento; a tentativa de compreender nossa identidade (quem somos); a construção da voz pessoal; as inúmeras dificuldades em interpretar o Outro; as utopias individuais; as utopias coletivas; a mortalidade; a sexualidade (não me refiro à educação sexual, mas à relação sexo-afetiva essencialmente subjetiva, corporal e emocional); a sempre complicada distinção entre a "realidade" e a "fantasia"; a temporalidade e a efemeridade (por exemplo, o envelhecimento e suas implicações); as inúmeras e intrincadas questões éticas; a existência de diferentes pontos de vista válidos sobre um mesmo assunto etc.

Ora, tais temas e assuntos, em que pese não aparecerem em livros didático-informativos, nem nas matérias do currículo oficial, são da maior importância e complexidade e não podem deixar de ser abordados. Afinal de contas, na vida concreta, todos os seres humanos, queiram ou não, estão, por exemplo, permanentemente mergulhados num processo de aprendizado e busca de autoconhecimento. Um homem de 90 anos nunca teve 90 anos antes e por isso vai ter que aprender a lidar com sua nova situação. Um menino de 10 anos vive processo semelhante, e assim por diante.

Por outro lado, se estamos mudando o tempo todo, pois adquirimos novas informações, passamos por experiências e envelhecemos, como falar em "identidade", algo geralmente descrito, abstratamente, como fixo e imutável?

Vale ainda perguntar: como lidar com nossas emoções e sentimentos? Quantas vezes nossa razão pede uma coisa e nossas emoções pedem outra bem diferente?

Como construir um discurso pessoal autêntico, sermos realmente expressivos, num mundo repleto de "informação" (oposta aqui à "experiência"), ideias preconcebidas, fórmulas de comportamento e atitudes "politicamente corretas"?

Como lidar "objetivamente" (ou seja, impessoalmente) com a mortalidade? Como enfrentar o inexorável e o desconhecido? Para que fazer projetos e construir utopias, se inevitavelmente iremos morrer? Para alguns teóricos[3], um dos problemas cruciais da existência é que o homem não tem acesso cognitivo ao seu nascimento (quando se dá conta, já nasceu faz tempo), nem à sua morte (quando vai ver, já morreu) e, para complicar as coisas, no espaço entre seu nascimento e sua morte, muda o tempo todo, pois adquire experiência e envelhece. Que fazer?

Continuando, como determinar a realidade e a fantasia se sabemos que uma experiência do passado pode influenciar, inconscientemente, na leitura do presente? Um exemplo banal: certa pessoa nos agrediu quando éramos criança. Na vida adulta, encontramos outra pessoa, parecida com aquela. Nossa tendência será, injustamente, tratá-la mal, temê-la ou até agredi-la. A discussão sobre o que é de fato a "realidade" é bastante complicada. Para alguns estudiosos, o que chamamos "realidade" não passa, na verdade, de uma construção social e, por este viés, só conseguimos ver o que estamos socialmente condicionados a ver.[4] Para exemplificar: o que para nós é descrito como "branco" para um esquimó corresponde a um conjunto complexo de mais de cem cores.

E quanto às questões éticas? Devemos falar a verdade se, num certo caso, mentir salvaria a vida de uma pessoa? É possível pensar num ato de violência eticamente justificável? E como fica o livre-arbítrio diante de um conjunto de costumes e leis abstratas que, em tese, deveríamos respeitar?

Assuntos e temas como esses – sempre tratados através da ficção e da poesia – são recorrentes em boa parte das obras literárias e, repito, inexistem na maioria dos livros didático-informativos.

Argumentar que não pertencem ao "universo infantil" é referir-se a um acomodado e redutivo – além de improvável – modelo teórico-abstrato do que seja a infância. Crianças, na vida concreta, inconscientemente ou não, buscam seu autoconhecimento e sua identidade; têm sentimentos e razão; sonham e se apaixonam; têm dúvidas, medos e prazeres; ficam perplexas diante da existência de múltiplos pontos de vista; têm dificul-

---
[3] Cf. ISER, Wolfgang. *O fictício e o imaginário: Perspectiva de uma antropologia literária.* Trad. Johannes Kretschmer. Rio de Janeiro: EdUERJ, 1996.
[4] Cf. BERGER, Peter L. e LUCKMANN, Thomas. *A construção social da realidade. Tratado de sociologia do conhecimento.* 21ª ed. Petrópolis: Editora Vozes, 2002.

dades em separar realidade e fantasia; são sexuadas e mortais. Em suma, são essencialmente seres humanos.

Fora isso, como sugerem vários estudos[5] feitos por antropólogos e psicólogos, certas características cognitivas consideradas "infantis" permanecem em adultos – inteligentes e capazes – que simplesmente não tiveram acesso à cultura escrita.

Outra coisa: como sabemos, em nosso país, muitas pessoas de 12, 10 anos ou menos já trabalham e, com dignidade, contribuem para o sustento de suas famílias. Enquanto isso, numa outra ponta social, é possível encontrar adultos de mais de 20 anos que nunca trabalharam e, apesar de estudar em escolas consideradas boas, vivem alienados das questões sociais, da cidadania e da política, e, pior, alguns – poucos felizmente – de vez em quando, talvez pelo tédio causado por sua própria alienação, saem por aí cometendo crimes hediondos. Refiro-me ao inaceitável assassinato, em Brasília, do índio pataxó Galdino de Jesus, entre outros crimes, divulgados pela imprensa, cometidos por jovens da elite.

Não pretendo dizer, é importante deixar bem claro, que crianças são iguais a adultos, mas, sim, que a divisão de pessoas em higiênicas e abstratas faixas etárias, quando utilizada indiscriminadamente, parece ser um procedimento equivocado e redutivo que precisa ser urgentemente repensado. Tenho certeza de que, por exemplo, indicar idades em capas de livros de Literatura – o que pressupõe a existência de textos literários "especiais" para pessoas de sete, nove ou 11 anos e, portanto, a crença de que crianças de, digamos, nove anos sejam **todas** iguais(!) – não contribui nem um pouco, muito pelo contrário, para a formação de novos leitores. Note-se que o mesmo procedimento em livros didático-informativos pode ser absolutamente correto.

Tento também dizer o seguinte: o modelo didático-informativo, cultivado pelo sistema escolar, tende a apresentar um mundo simétrico, lógico, equilibrado, coerente e unívoco. Isso parece ser necessário para que o leitor-aluno possa organizar e sistematizar um certo conjunto de informações importantes para a compreensão da sociedade, para sua vida social, seus estudos futuros e seu desenvolvimento.

---

[5] Cf. ONG, W. *Oralidade e cultura escrita*. Campinas: Papirus Editora, 1998.

O mesmo leitor, porém, é fundamental que não se esqueça, para além do plano educacional, vive no plano da existência concreta e particular (não teórico) e, assim, está sujeito a inúmeras situações contraditórias e inesperadas, ou seja, situações que não constam do cardápio das regras e modelos ideais. Mencionei algumas anteriormente.

Note-se que, justamente por abordar o contraditório, a Literatura, em vez de trabalhar com personagens idealizadas, previsíveis e abstratas – além de "politicamente corretas" – típicas dos livros pedagógicos, pode apresentar ao leitor seres humanos fictícios, mas complexos e paradoxais, mergulhados num constante processo de modificação e empenhados na construção de um significado para suas vidas.[6] É da maior importância, acredito, que leitores, sejam eles crianças ou não, tenham acesso a personagens assim. São elas que permitem a verdadeira identificação entre a pessoa que lê e o texto. No âmbito da chamada literatura infantil, para ficar com exemplos conhecidos de todos, cito Raquel (de *A bolsa amarela*, de Lygia Bojunga) ou o menino maluquinho (do livro homônimo de Ziraldo) como personagens deste tipo.

A meu ver, em todo o caso, é imprescindível que na formação da criança, e do leitor, haja sempre espaço para que o contraditório e a ambiguidade apareçam. Não, naturalmente, como lições – se houvesse explicações para o contraditório, ele simplesmente não existiria –, mas, sim, por meio do diálogo, da meditação, de discussões, especulações e troca de opiniões.

É riquíssimo imaginar um cenário onde, juntos, adultos e crianças – em casa, numa sala de aula, seja onde for – possam trocar ideias e impressões sobre assuntos diante dos quais ninguém, seja qual for a faixa etária, pode "ensinar". Neste cenário, só é possível compartilhar experiências. Suspeitar ou sugerir, por outro lado, que crianças não tenham experiência de vida suficiente a ser compartilhada com adultos é ignorar a existência humana concreta.

A Literatura, o discurso poético e ficcional, quando respeitadas suas características, entre as quais, ressalto mais um vez, incluo a possibilidade de poder abordar o contraditório, permite a identificação emocional entre

---
[6] Cf. ONG, 1998.

a pessoa que lê e o texto e, assim, pode representar, dentro ou fora da escola, um precioso espaço para que certas especulações vitais – feitas pelo leitor, seja consigo mesmo, seja com outras pessoas – possam florescer.

Antes de concluir, creio que vale a pena retomar os principais pontos levantados neste artigo:

1. A necessidade de a criança e também o adulto, seja em casa, na escola, seja na vida, aprenderem a diferenciar os vários tipos de textos e assim, ao passar a utilizá-los em benefício próprio, formarem-se como leitores.

2. A constatação de que livros didático-informativos têm sido muito úteis, seja na divulgação de informações, seja como um instrumento pedagógico importante, mas, certamente, não formam leitores.

3. Para que a formação do leitor ocorra, é necessário que haja, entre a pessoa que lê e o texto, uma espécie de comunhão emocional que pressuponha prazer, grande identificação e, sempre, a liberdade para interpretar. É preciso ainda não esquecer que há um inevitável esforço envolvido nesse processo.

4. A necessidade de a literatura, para além de chavões, nada esclarecedores, do tipo "viagem da leitura", "soltar a imaginação" ou "nas asas da fantasia", ser compreendida como um modelo de pensamento que recorre à ficção e à poesia para interpretar e dar significado à vida e ao mundo.

5. A conscientização de que, além dos discursos objetivos e unívocos, que seguem à risca as normas do ensino oficial, existem outros, subjetivos, analógicos, lúdicos, plurissignificativos e altamente inventivos, que, ao se permitirem grande manipulação dos recursos da linguagem, tornam-se extremamente significativos.

6. A necessidade de se assumir de uma vez por todas que, além dos assuntos convencionais que podem ser ensinados por adultos a crianças, existe um sem-número de outros temas, complexos, ambíguos e contraditórios que só podem ser discutidos e compartilhados pelas pessoas, independentemente de faixas etárias. Em outras palavras, não é possível que adultos façam papel de professores diante de crianças o tempo todo. Ao contrário, é preciso reconhecer a rica complexidade da existência concreta, seja na vida adulta, seja na infância.

7. A importância de ter em mente que a Literatura – e a arte em geral, pintura, teatro, cinema, dança, música etc. – pode ser um espaço privilegiado para abordar o contraditório e a ambiguidade. Menciono exemplos bastante simples, a título de esclarecimento, que são abordagens do contraditório no âmbito da chamada literatura infantil: a postura de uma personagem como Peter Pan, que se recusa a ser adulto, critica a vida "real" e opta por viver num lugar utópico chamado "Terra do Nunca"; a viagem da menina Alice ao "País das Maravilhas", e suas diversas e divertidas discussões sobre o sentido e o não-sentido das coisas; as madrastas que pretendem destruir suas enteadas, como em Branca de Neve, ou os príncipes e princesas, transformados em monstros ou animais, personagens recorrentes em muitos contos maravilhosos etc.

Finalmente, gostaria de encerrar este artigo argumentando que vai ser difícil formar leitores insistindo em idealizações a respeito da leitura, aceitando passivamente a divisão indiscriminada de pessoas em abstratas faixas etárias, ignorando a existência de diferentes tipos de livros e textos e, ainda, sem levar em consideração certas características e especificidades da Literatura, entre elas, seu compromisso profundo e essencial com a existência humana concreta.

RICARDO AZEVEDO — Escritor e ilustrador paulista, é autor de vários livros para crianças e jovens, entre eles, *Um homem no sótão*; *Histórias de bobos, bocós, burraldos e paspalhões*; *Lúcio vira bicho* e *Contos de enganar a morte*. Tem livros publicados em vários países, como Alemanha, Portugal, México e Holanda. Ganhou quatro vezes o Prêmio Jabuti, com os livros *Alguma coisa*; *Maria Gomes*; *Dezenove poemas desengonçados* e *A outra enciclopédia canina*. Mestre em Letras, doutorando em Teoria Literária (USP) e pesquisador na área da cultura popular.

REFERÊNCIAS BIBLIOGRÁFICAS

AZEVEDO, Ricardo. "Aspectos da literatura infantil brasileira hoje." In: Revista *Releitura*. Belo Horizonte, 2001, nº 15. Disponível no site: www.ricardoazevedo.com.br

_____. "Diferentes tipos de imagens para diferentes tipos de texto." Disponível no site: www.ricardoazevedo.com.br

BERGER, Peter L. e LUCKMANN, Thomas. *A construção social da realidade. Tratado de sociologia do conhecimento*. 21ª ed. Petrópolis: Editora Vozes, 2002.

ISER, Wolfgang. *O fictício e o imaginário: Perspectiva de uma antropologia literária*. Trad. Johannes Kretschmer. Rio de Janeiro: EdUERJ, 1996.

ONG, W. *Oralidade e cultura escrita*. Campinas: Papirus Editora, 1998.

MEMÓRIAS DE LEITURA E EDUCAÇÃO INFANTIL

Vitória Líbia Barreto de Faria

MEMÓRIAS DE LEITURA E EDUCAÇÃO INFANTIL

Vitória Líbia Barreto de Faria

Longos, tortuosos, difíceis e complexos são os caminhos que levam à formação do leitor. Não existe uma fórmula mágica para essa construção nem linearidade nas trajetórias percorridas. Alguns se formam no seio da família, outros na instituição de educação infantil ou na escola e outros, ainda, vida afora. Alguns se fazem leitores na infância, outros já adultos ou até mesmo na velhice.

Tive a felicidade de conviver, ainda na primeira infância, com um grande formador de leitores e de crescer em uma comunidade de leitores, na qual, cotidianamente, compartilhava leituras com outros aprendizes de diferentes idades. As interações que se deram nesse espaço de partilha de significados são marcas indeléveis de minha formação, que carrego como a mais preciosa herança que me foi legada.

Todas as noites, após o jantar, meu pai se deitava na rede e, aos poucos, todos nós, aprendizes de leitura, nos aproximávamos. Lembro-me de que, inicialmente, eram os três, depois foram chegando os demais, até constituirmos um grupo de sete pessoas, incluindo o mais experiente. Sempre havia alguns que não sabiam ainda ler convencionalmente, outros que já liam fluentemente e os que liam ainda com certa dificuldade. Essa heterogeneidade não impedia nenhum de nós de participar ativamente dos atos de leitura. O desejo de decifrar aquilo que os livros diziam e de ser admitido no mundo da leitura misturava-se com a admiração pela figura paterna.

A cada noite era uma nova emoção. Eram as aventuras de Tarzan e Jane; era a mitologia grega que ia descortinando para nós todas as riquezas do Olimpo; era a visão romântica sobre o índio brasileiro nas narrativas de José de Alencar; era o encantamento das rimas e ritmos das poesias de Castro Alves, Olavo Bilac, Casemiro de Abreu e Camões; era a densidade dos Sermões do padre Vieira e a alegria do Sítio do Pica-pau Amarelo. Alguns textos lidos nessas noites ocuparam papel importante em nossa formação como cidadãos. Um deles foi a "Oração da Pátria", de Rui Barbosa, cujos trechos mais significativos eram repetidos por nós de memória. Esse verdadeiro ícone da democracia brasileira influenciou nossa formação política, interferindo até mesmo em escolhas profissionais.

Muitas leituras eram feitas em capítulos e, propositalmente, a cada dia a leitura era interrompida em momentos de grande expectativa, o que garantia o entusiasmo de todos para o encontro do dia seguinte. Era comum também, na hora das refeições, conversarmos sobre o que achávamos que iria acontecer com uma das personagens da história ou sobre como terminaria aquele conflito.

Esse sem dúvida era um ambiente alfabetizador e de letramento, tanto para uma criança de três anos que, inicialmente, demonstrava uma limitada possibilidade de atenção e concentração e, às vezes, até dormia durante os serões, quanto para aquela de 10 ou 12 anos, que já havia desvendado muito dos tesouros escondidos nas páginas de um livro.

Uma data do mês era especialmente esperada por todos. Era o dia em que chegava a nossa revista mensal. Chamava-se *Sesinho*, e até hoje a lembrança que tenho dela é de uma revista infantojuvenil da maior qualidade. Esse periódico continua a ser editado, mas com outra concepção editorial, não guardando a menor semelhança com aquela de nossa infância.

A verdade é que nela havia histórias maravilhosas, contos de fada, fatos e acontecimentos da história universal e do Brasil, curiosidades, charadas, jogos e outras brincadeiras, histórias em quadrinhos, informações científicas, grandes invenções, poesias, cartas, entre outras seções, todas direcionadas às crianças.

Aquele era um dia de festa na nossa vida de leitores. A revista chegava na hora do almoço e sempre havia conflitos, outras formas de competição e até mesmo brigas para saber quem iria lê-la primeiro. Era uma revista para todas as idades, assim cada um lia a seção que mais lhe interessava. À noite, na hora do nosso serão literário, cada um de nós contava o que havia lido ou apenas visto. Era assim que os pequenos também participavam. Durante o dia, muitas vezes brincávamos de escolinha e os maiores liam para os menores, ou apenas folheavam juntos a revista, conversando sobre as ilustrações. Sempre havia as aventuras de João Bolinha e as histórias de bichos que atiçavam a curiosidade dos aprendizes de leitura.

Nessas brincadeiras, as crianças, aos poucos, iam criando novos textos a partir dos fragmentos de tantos outros que iam sendo lidos e contados. Eram os filhos imaginários com nomes esdrúxulos, como Pequê e Autoplem, inventados por um; eram as narrativas de caçadas na África, criadas por outro; eram as tentativas de se fazer poesia, que naquele espaço iam sendo ensaiadas.

No nosso processo de formação, tivemos o privilégio de conviver com outros leitores mais experientes que nos presenteavam com livros. Um desses presentes foi muito marcante em nossa formação. Esse foi dado a meu irmão no dia de seu aniversário de seis anos. Era um livro de biografias de homens célebres. A biografia de Cícero foi especialmente significativa para aquele aprendiz de leitura. O que marcou a todos foi o fato de aquela criança, com três meses de escolaridade, ler com tanta fluência e ter um entendimento tão grande do conteúdo do texto a ponto de chorar pela violenta e aparentemente injusta morte do grande pensador e orador romano, 2.000 anos após o seu desaparecimento. Esse episódio marcou a todos e juntos choramos, não por Cícero, mas pela emoção passada por meio da leitura feita pelo pequeno leitor.

Outros momentos foram também significativos na nossa formação como leitores. Aprendemos a gostar especialmente de poesia, e havia muitos domingos festivos em nossa casa em que a poesia era a convidada de honra, além de uma velha tia professora e de um cônego aparentado de meu pai. No almoço, após saborearmos as iguarias feitas por minha mãe e minha avó Leopoldina, nos deleitávamos com o momento literário para o qual eram preparados poemas que declamávamos com bastante formalidade e, depois, sob os olhares curiosos e os ouvidos atentos das crianças, mas descontraidamente, os adultos comentavam sobre o autor dos poemas e sua obra.

Foi com essa bagagem que ingressamos no jardim de infância. Essa era a denominação utilizada para a educação infantil à época, quando ainda havia uma separação extremamente cruel entre creche ou abrigo, que eram instituições que só existiam para as crianças pobres, e jardim de infância particulares para aquelas de classe média ou alta, em geral com mais de cinco anos.

Frequentei, por pouco tempo, um desses jardins e, por absoluta inadaptação, meus pais trancaram minha matrícula. O ambiente encarregado pela sociedade para acolher pela primeira vez a criança fora de seu espaço doméstico, devendo ser, do meu ponto de vista, difusor da leitura e da escrita, era hostil a uma criança que já estava avançada em seu processo de letramento. O conhecimento prévio construído em minha história de leitora e produtora de texto nem sequer era reconhecido pela instituição que frequentei. O que importava era o alfabeto, a cópia de letras e sílabas isoladas que iam sendo apresentadas pela professora no blocão e reproduzidas em nossos cadernos ou repetidas em voz alta por meio de um jogral destituído de sentido. Tudo isso não tinha a menor importância para mim, que já sabia há muito tempo para que a escrita servia e qual sua utilidade real em minha vida.

O ingresso na escola regular foi outro desastre, uma vez que lá também os conhecimentos construídos como escriba e leitora só tinham importância fora da sala de aula. Tornei-me a oradora e a declamadora oficial da escola. Consegui sobreviver no espaço escolar certamente porque encontrei esse lugar. Nas festas e comemorações (e nas escolas tradicionais elas são muitas), os meus poemas e discursos eram ouvidos e valorizados, em contrapartida, na sala de aula, eu era considerada das piores alunas, uma vez que apresentava grande dificuldade para incorporar os conteúdos socialmente controlados e definidos como necessários a serem transmitidos na escola primária.

O importante é considerar que a escola não conseguiu interromper minha vida de leitora. Continuei lendo e, nessa fase, escondia esse prazer até mesmo da família. Minha mãe me mandava estudar e fazer as lições de casa no quarto e, abandonando esses afazeres enfadonhos, deleitava-me com a leitura de revistas em quadrinhos, livros de literatura e poesias e, mais tarde, com romances. Foi assim que, embora continuasse sendo "má aluna", li Machado de Assis, Érico Veríssimo, José de Alencar, Jorge Amado, ao lado das leituras eróticas e proibidas a que, na adolescência, começava a ter acesso, também de maneira clandestina, na própria escola.

Da mesma maneira que fui privilegiada por contar com um leitor voraz, também tive a felicidade de conviver com uma escritora persistente, minha mãe, que, desde muito cedo, me mostrou para que servia a escrita. Para ela, dentre as muitas utilidades eleitas, havia uma da qual fazia uso todos os dias: a escrita de um diário que denominava de suas "memórias" e que deveriam servir quando ela fosse escrever seu livro. Esse livro, escrito durante grande parte de sua vida, encontra-se em fase de edição e deverá ser publicado em comemoração ao seu 86º aniversário. Mas isso faz parte de outra história. Contudo, vale destacar que nos anos de ditadura militar, quando minha mãe teve quatro de seus seis filhos presos, ela só encontrava consolo na certeza de que um dia seus escritos teriam alguma importância. O ato de escrever para ela passou a fazer parte da clandestinidade, assim como muitos dos livros de nossa estante, que começaram a ser "esquecidos" em locais públicos para outros leitores ou cautelosamente escondidos e até queimados.

Foi com ela que aprendi a amar os cadernos e a fazer, desde muito cedo, cadernos de desenho, de poesias, de sonhos, de pensamentos, de música e de confidências, em oposição aos cadernos padronizados, estereotipados e descontextualizados que a escola me exigia. Enquanto os escolares eram feios e maltratados, esses eram conservados e guardados carinhosamente.

Foi também, certamente por influência dessa minha formação, que ao fazer minha dissertação de mestrado fui em busca de tesouros escondidos. Além de encontrar no "Caderno da criança o retrato da escola" e de sua ação controladora, encontrei também algumas estratégias criadas pelas crianças para deixarem fluir a sua singularidade e serem, assim, autoras de seus escritos.

Evoco elementos da minha história que me fazem refletir sobre a formação de leitores, porque nas minhas memórias de leitura, encontro pistas não apenas para compreender a leitora que sou, mas, também, para analisar as relações pedagógicas que se estabelecem entre criança e professor, especialmente na educação infantil, por meio do ato de ler.

Sem desconsiderar as diferenças da ação educativa desenvolvida em casa e na escola, extraio da minha narrativa a matéria-prima para as reflexões e análises sobre a formação do leitor que faço a seguir. Para tanto, utilizo-me também de conhecimentos construídos ao longo de minha história como professora, em contato com outros professores e formadores e fazendo uso também das contribuições de Jean Foucambert, Walter Benjamim, Italo Calvino, José Saramago, Célestin Freinet, Paulo Freire, Rubem Alves, Sonia Kramer, Magda Soares, Graciliano Ramos, Clarice Lispector, Marisa Lajolo, Lúcia Browne Rego e tantos outros que, por meio de leituras sistemáticas, em diferentes comunidades de leitores, têm sido determinantes no meu modo de pensar a literatura, a educação e a própria vida.

A literatura é alimento primordial para o imaginário infantil fornecendo matéria-prima para os jogos de faz de conta

Todos nós humanos, especialmente as crianças, temos uma incomensurável necessidade de fantasiar, de imaginar, de criar mundos. Nesse sentido, a literatura pode ser um espaço privilegiado para que a criança, por meio do faz de conta, vivencie a sua forma primordial de ser e estar no mundo, ou seja, brincar. Isso significa dizer que essa é a principal atividade e a forma prioritária de aprender e se desenvolver, inserindo-se na cultura. O faz de conta representa para a criança de zero a seis anos o mesmo que o trabalho representa para o adulto, e o mesmo que o conhecimento sistematizado sobre o mundo físico e social representa para a criança em fase escolar. Isto é, são essas atividades que, em nossa sociedade, nos constituem em cada fase da vida. Claro que o sentido e o significado desses fazeres relacionam-se com nossa subjetividade e, sobretudo, com a forma como os experimentamos e os vivenciamos cotidianamente.

Assim, o sentido e o significado dessas tarefas ligam-se primordialmente ao prazer que delas podemos usufruir e às inúmeras possibilidades que nos oferecem. É por essa razão que os bons leitores continuam lendo durante toda a vida.

O faz de conta, sendo uma linguagem, ou seja, uma maneira de a criança se relacionar e interagir com o outro no mundo, expressando sentimentos, desejos, necessidades e ideias, pode ser vivenciado em atividades diversas, mas, sem dúvida, a literatura ocupa um espaço fundamental nesse jogo, podendo sempre ser mediada pelas demais linguagens.

A importância do meio sociocultural na formação do leitor

Mesmo vivendo numa sociedade letrada, a grande maioria das crianças brasileiras não tem oportunidade de conviver com a literatura nos seus primeiros anos de vida. Essa constatação nos leva a inferir sobre o papel fundamental da instituição de educação infantil como espaço privilegiado de aproximação da criança com a literatura. Destaco o papel dessa instituição por acreditar que esse aprendizado deve ter início nos primeiros anos de vida. Nesse sentido, é fundamental que se crie um ambiente de letramento que na realidade é também um ambiente alfabetizador, na medida em que tais questões caminham juntas. Isso significa trazer para as crianças o mundo da leitura, possibilitando-lhes o acesso a bons textos escritos em diversos gêneros discursivos.

Uma das formas de propiciar esse ambiente é por meio da criação, na instituição e mesmo na sala de atividades, de espaços onde as crianças possam interagir individual ou coletivamente com a leitura e a escrita. Por exemplo, a organização de um lugar onde devem ficar os diferentes livros e revistas de uso dos alunos que, dependendo das condições, tanto pode ser uma biblioteca de uso de toda a instituição, como um cantinho para guardar os livros. O importante é que a criança tenha acesso fácil a esse material.

A importância da integração do leitor em uma comunidade de leitores

Para aprender a ler e desenvolver o gosto pela leitura, é fundamental estarmos integrados em comunidades de leitores e, dessa maneira, construir sempre novos sentidos e compartilhar significados com nossos pares. Assim, para continuarmos lendo pelo resto da vida, com a mesma emoção e mantendo a mesma curiosidade sobre o mundo dos escritos, é preciso conviver com o outro para quem a relação com a literatura é também intensamente vivida.

Para que os membros dessa comunidade avancem em seus conhecimentos sobre a linguagem escrita e, mais especificamente, sobre a literatura, uma condição indispensável é a garantia da heterogeneidade do grupo. As verdadeiras trocas, o aprendizado de bons modelos de leitor e as possibilidades de se aprender mais quando se ensina para o outro, só são possíveis em grupos constituídos por diferentes.

No caso da educação infantil, essas diferenças já são garantidas pelo fato de que essa etapa da educação básica ainda não é obrigatória e, assim, as crianças, além de ingressarem na instituição com diferentes experiências de letramento, estão em diferentes níveis de alfabetização.

Um aspecto a ser enfatizado refere-se à importância de os professores, da mesma forma que as crianças, constituírem também comunidades de leitores.

O papel fundamental do adulto como mediador das leituras das crianças

Buscando em diversas histórias de professores e de escritores o seu gosto pela leitura e escrita, vamos encontrar um leitor mais experiente descortinando significados do mundo da leitura. Em geral, essa ação não foi conduzida por meio de discursos, conselhos e preleções sobre a importância da leitura, mas por meio de práticas reais, sendo o adulto para o aprendiz um modelo de leitor a ser imitado. É importante que se tenha claro que somente aquele que lê e que ama os livros é capaz de formar outros leitores. Nesse sentido, se queremos formar leitores em nosso país, é necessário que se invista na formação inicial e continuada dos professores, com a destinação de recursos, tempo e espaços especialmente planejados com o objetivo de criar uma comunidade de leitores.

Aprendemos sobre a linguagem escrita, especialmente sobre a literatura, antes de aprendermos a ler e a escrever

Diversos estudos comprovam que a criança antes de aprender a ler e a escrever é capaz de compreender a função social da escrita, seus diversos usos, as diferenças entre as linguagens oral e escrita e até mesmo entre gêneros, estruturas textuais e aspectos relativos a tipos e tramas dos textos. Muito mais que isso, as crianças aprendem sobre o conteúdo dos textos, sobre a forma de escrever de cada autor e até mesmo sobre a beleza das palavras, os sons e os ritmos dos poemas. Além disso, as experiências bem-sucedidas são determinantes para o estabelecimento de relações afetivas com o ato de ler.

Qualidade e diversidade de textos

Para iniciar a criança no mundo dos livros é imprescindível familiarizá-la com uma literatura de boa qualidade que deve ir desde os clássicos até os modernos, passando por diversos gêneros, tramas, estilos e tipos de textos. Os assuntos e as temáticas também devem abarcar a realidade cultural, social e natural, mediadas pelo uso das demais linguagens e formas de interação da criança com a natureza e a cultura. Um aspecto a ser considerado refere-se ao fato de nem sempre os livros de literatura infantil serem aqueles que mais agradam às crianças.

A constância e a persistência dos atos de leitura

Por tudo que foi discutido neste texto, fica claro que a leitura com o objetivo de formar leitores não pode ser um trabalho esporádico ou, como alguns professores colocam em seu "semanário", um ou dois dias por semana. Ela deve ser trabalhada diariamente, sempre na perspectiva de que uma leitura puxa outra e uma conversa sobre um livro sempre estimula a leitura de outro.

De minhas memórias de leitora e minhas buscas para compreendê-las, extraindo consequências para a formação de novos leitores, podemos concluir que a literatura no cotidiano da educação infantil deve ser prática cultural, experiência, prazer, transgressão, alimento para o imaginário e forma de interação com o outro, além de portar uma infinidade de sentidos e significados que todos os dias são descobertos por leitores e que devem ser sempre compartilhados.

VITÓRIA LÍBIA BARRETO DE FARIA – Formada em História pela UFPR, Mestre em Educação pela UFMG. Atua na formação de professores de Educação Infantil e Ensino Fundamental. É Consultora de Educação Infantil do Ministério da Educação.

REFERÊNCIAS BIBLIOGRÁFICAS

BENJAMIN, Walter. *Reflexões: A criança, o brinquedo e a educação*. São Paulo: Summus, 1984.

KRAMER, Sonia; LEITE, Maria Isabel (Org). *Infância e produção cultural*. Campinas: Papirus, 1998.

KRAMER, Sonia; JOBIM SOUZA, Solange. (Orgs.). *Leitura, escrita e pesquisa em educação*. São Paulo: Ática, 1996.

ZACCUR, Ediviges (Org.). *A magia da linguagem*. Rio de Janeiro: Editora DP&A, 1999.

ZILBERMAN, Regina e LAJOLO, Marisa. *Literatura infantil brasileira: história e histórias*. São Paulo: Ática, 1984.

**LEITURA E ALFABETIZAÇÃO:
A IMPORTÂNCIA DA POESIA
INFANTIL NESSE PROCESSO**

Renata Junqueira de Souza

LEITURA E ALFABETIZAÇÃO: A IMPORTÂNCIA DA POESIA INFANTIL NESSE PROCESSO

Renata Junqueira de Souza

A infância é o melhor momento para o indivíduo iniciar sua emancipação por meio da função liberatória da palavra. Para Cleary (*apud* Bamberger, 1987), é entre oito e 13 anos que as crianças revelam maior interesse pela leitura. Bamberger (1987, p. 11) reforça a ideia de que é importante habituar a criança às palavras:

> Se conseguirmos fazer com que a criança tenha sistematicamente uma experiência positiva com a linguagem [...], estaremos promovendo o seu desenvolvimento como ser humano.

Inúmeros pesquisadores têm-se empenhado em mostrar aos pais e professores a importância de se incluir o livro no dia a dia da criança. Harris afirma:

> Comparada ao cinema, ao rádio e à televisão, a leitura tem vantagens únicas. Em vez de precisar escolher entre uma variedade limitada, posta à sua disposição por cortesia do patrocinador comercial, ou entre os filmes disponíveis no momento, o leitor pode escolher entre os melhores escritos do presente e do passado. Lê onde e quando mais lhe convém, no ritmo que mais lhe agrada, podendo retardar ou apressar a leitura; interrompê-la, reler ou parar para refletir, a seu bel-prazer. Lê o que, quando, onde e como bem entender. Essa flexibilidade garante o interesse contínuo pela leitura, tanto em relação à educação quanto ao entretenimento [...] (Bamberger, 1987, p. 13).

Martins (1989) chama a atenção para um contato sensorial com o objeto livro, que, segundo ela, revela "um prazer singular" na criança. Na leitura, por meio dos sentidos, a criança é atraída pela curiosidade, pelo formato, pelo manuseio fácil e pelas possibilidades emotivas que o livro pode conter.

A autora afirma que "esse jogo com o universo escondido no livro" (Martins, 1989, p. 42) pode estimular o pequeno leitor a descobrir e aprimorar a linguagem, desenvolvendo sua capacidade de comunicação com o mundo. Esses primeiros contatos despertam na criança o desejo de concretizar o ato de ler o texto escrito, facilitando o processo de alfabetização. A possibilidade de que essa experiência sensorial ocorra será maior, quanto mais frequente for o contato da criança com o livro.

É no ambiente escolar que acontece o contato da criança com o chamado livro didático. Não faltam críticas, porém, às cartilhas adotadas nas escolas brasileiras. "O mercado está abarrotado de cartilhas sem nenhuma sustentação filosófica e teórica", observa Silva (1986, p. 115).

Martins (1989, p. 25) é mais contundente:

> Esses textos condensados, supostamente digeríveis, dão a ilusão de tornar seus usuários aptos a conhecer, apreciar e até ensinar as mais diferentes disciplinas. Na verdade, resultam em manuais de ignorância; mais inibem do que estimulam o gosto de ler [...]. Tais livros estão repletos de falsas verdades, a serviço de ideologias autoritárias [...].

Apesar de todos os problemas funcionais e estruturais, é na escola que a maioria das crianças aprende a ler. Muitas têm, no ambiente escolar, o primeiro (e, às vezes, o único) contato com a literatura. A afinidade entre a escola e a literatura vai mais além: atinge, como nota Zilberman, a natureza de ambas, que é a de formação da personalidade. "De fato, tanto a obra de ficção como a instituição do ensino estão voltadas à formação do indivíduo ao qual se dirigem" (Zilberman, 1985, p. 21).

Assim, fica claro que a escola, por ser estruturada com vistas à alfabetização e tendo um caráter formativo, constitui-se num ambiente privilegiado para a formação do leitor. Outros ambientes capazes de auxiliar nessa tarefa, como o familiar, podem, eventualmente, não estar direcionados nesse sentido. Já a escola, mesmo com suas limitações, mantém-se como espaço reservado à iniciação da leitura.

Na formação do leitor é imprescindível que a criança conheça livros de caráter estético, diferentes dos pedagógicos e utilitaristas, usados na maioria das escolas. O livro estético (prosa ou poesia) proporciona ao pequeno leitor oportunidade de vivenciar histórias e sentir emoções, permitindo-lhe colocar em ação a capacidade de imaginar e ter uma visão mais crítica do mundo.

A importância da obra de ficção na escola é problematizada por Zilberman, que vê na natureza formativa um aspecto em comum entre a literatura e a escola. A autora salienta que a literatura tem "amplos pontos de contato" (Ziberman, 1985, p. 22) com o cotidiano do leitor, independentemente da sua capacidade de fantasiar e da discrepância do contexto em que uma obra é concebida, mantém-se a comunicação com o destinatário atual. Assim, as obras de ficção ajudam o leitor a conhecer melhor seu próprio mundo.

O caráter formador da literatura é diferente da função pedagógica. Enquanto o pedagogismo empenha-se em ensinar, num sentido positivista, transmitindo conceitos definidos, a ficção estimula o desenvolvimento da individualidade. A criança (ou o leitor em formação) terá mais estímulo imaginativo com a ficção do que na recepção de postulados que devam ser decorados.

No entanto, se os professores oferecem às crianças em fase de iniciação à leitura livros inadequados ou desinteressantes, acabam desestimulando a leitura, e corre-se o risco de perder-se para sempre um leitor em formação.

Vale ainda ressaltar que, se a escola conseguir despertar na criança o interesse pela leitura, o gosto terá de ser cultivado nas fases posteriores do desenvolvimento. Para isso, é preciso ajustar o conteúdo das leituras às necessidades e interesses do pequeno leitor.

A poesia infantil poderia ser o gênero escolhido para dar início à difícil tarefa de despertar o gosto pela leitura, pois a poesia é, segundo Bamberger (1987), o único gênero capaz de despertar leitores em qualquer fase ou faixa etária de leitura.

Na verdade, o vínculo da criança com o texto poético começa muito cedo. As cantigas infantis e as parlendas, por exemplo, podem ser utilizadas para introduzir as crianças, já nos primeiros anos de vida, na linguagem poética. Pois são estruturas compostas de aliterações, ritmo regular e, geralmente, apresentam as palavras na frase na ordem direta. Essas marcas da poesia popular também são constantes na tradição da oralidade brasileira e indicadoras de um estágio inicial de literatura.

Nos primeiros anos de escolarização, o trabalho do professor com a linguagem é predominantemente oral e mnemônico. A memorização de quadras com apoio em narrativas é exemplificada por Averbuck como "um tipo de poesia em que a narrativa encadeada a uma história se associa às rimas, às sonoridades e ao ritmo da frase" (Averbuck, 1985, p. 74).

Também no que se refere ao aprendizado da poesia em séries iniciais, o estudioso George Jean (in Averbuck, 1985, p. 73) afirma que:

> [...] na fase da infância é que se apreende melhor o caráter lúdico que a linguagem toma em certos usos. A parlenda oferece uma quantidade de exemplos que permitem compreender como a palavra pode jogar com ela mesma.

É esse jogo de palavras, associado às sonoridades, que traz encanto ao texto poético e propicia prazer ao pequeno leitor. Para tanto, o trabalho inicial com poesia é o da sensibilização, da descoberta do jogo das palavras, fase fundamentalmente lúdica.

Neste sentido, a escola deveria recuperar o conteúdo lúdico de poemas e resgatar sua natureza original. Segundo Averbuck (1985), a criança de séries iniciais pode, por meio da poesia, exercer sua imaginação decompondo textos, relacionando o poema a outras formas de expressão, ouvindo-os e repetindo-os, descobrindo seus paralelismos, reinventando-os.

Para que isso ocorra é preciso que o professor, na sala de aula, crie um clima capaz de assegurar ao trabalho de exploração do texto poético todas as possibilidades de inventividade, como a utilização de elementos visuais, por exemplo, os desenhos, os jogos visuais, as representações plásticas variadas, as atividades rítmicas, os jogos com as palavras do poema.

No entanto, em recente pesquisa, Souza indica o pouco uso do texto poético em séries iniciais. "As crianças têm convivido muito pouco com a poesia e, quando esta convivência ocorre, os equívocos didáticos são inúmeros" (Souza, 2000, p. 19).

Entre os equívocos citados, encontramos: professores inseguros, mal preparados, desconhecedores de concepções e modos de análise de poemas, utilizadores de manuais didáticos metodologicamente equivocados e de textos poéticos com conotação estritamente pedagógica.

Booth, em seu livro *Poems Please! — Sharing poetry with Children (Poemas por favor! compartilhando poesias com crianças)*, questiona as dificuldades evidenciadas por professores com relação ao ensino da poesia:

> Os professores devem tentar superar seus medos com relação à poesia. Por que o trabalho com poesia é tão difícil para tantos professores? Talvez nós sejamos produtos de escolas onde os professores sentiram a falta de motivação, preparação ou interesse. (Booth, 1998, p. 24.)

A falta de preparação fica evidente quando analisamos o resultado de estudo realizado com 45 professores de séries iniciais em Presidente Prudente, São Paulo (Souza, 2000). Nessa pesquisa, embora todos os sujeitos entrevistados percebam a popularidade e o gosto pelo texto poético entre os alunos, esses docentes se sentem incapazes de desenvolverem um trabalho com poesia em sala de aula. A autora afirma que:

> Todos os sujeitos envolvidos na entrevista declaram que a Faculdade não os formou para o trabalho com o texto poético e que o livro didático também não sugere orientações teóricas e práticas sobre esta forma de ensino. (Souza, 2000, p. 66.)

A pesquisa revela ainda que os cursos de formação de nível médio e superior do professor de séries iniciais de Língua Portuguesa não incluem matéria específica de *Literatura Infantil* e, consequentemente, *Poesia Infantil* ou, quando aparece, priorizam conteúdos exclusivamente pedagógicos, deixando de lado os estéticos.

Deste modo, uma série de equívocos cometidos em sala de aula quanto ao ensino da poesia são justificados pela formação teórica deficitária do professor. Na pesquisa realizada por Gebara (1997), em 15 escolas de São Paulo, essas deficiências ficam mais evidentes. A começar pelo material utilizado pelos professores, os livros didáticos. Neles são cometidos inúmeros equívocos metodológicos. Por exemplo, a limitação da definição de poema como um tipo de composição em versos e estrofes, com rimas. Todos os livros analisados nessas pesquisas (Souza e Gebara) sugerem uma sequência repetida de atividades: identificação do tema do texto, estudo do vocabulário, interpretação, estudo de gramática, aprendizagem de ortografia e produção de textos. Esses exercícios, no entanto, mais reduzem o valor do texto poético do que proporcionam prazer de leitura ou fruição literária de poemas.

Souza afirma:

> O estudo do vocabulário se limita à apreensão do sentido literal das palavras; o sentido poético nunca é explorado. A forma de interpretação também é sempre redutora; estimula-se a compreensão das relações linguísticas firmadas entre as palavras, mas não se estimula a compreensão profunda das entrelinhas do texto poético. A gramática e a ortografia sugerem atividades repetitivas e facilitadoras totalmente desvinculadas do desempenho social, ou seja, desvinculadas da função social dos textos. As sugestões para que os alunos produzam seus próprios textos poéticos não contemplam a necessidade de formação prévia do repertório cultural de seus produtores. (Souza, 2000, p. 151.)

Sobre o uso pedagógico do texto poético em sala de aula, encontramos nos estudos de Bordini (1986) uma relação entre o ensino da poesia infantil e a trajetória histórica da visão de mundo veiculada por ela. A autora afirma que desde os séculos XVIII e XIX a visão de mundo mostrada pela poesia infantil é tendenciosa e falseadora de uma realidade a favor dos pais e mestres. O mundo, nessa tradição, é denotado de forma simplista, redutora das complexidades sociais; sob a máscara do cômico e do ilogismo se ocultam as contradições e desigualdades (Bordini, 1986, p. 66).

Na modernidade, a visualização de mundo muda drasticamente. As normas da sociedade adulta são contestadas por sujeitos líricos bastante sintonizados com o mundo e o modo de ser das crianças.

A poesia infantil contemporânea reforça as indagações feitas na modernidade com um humor peculiar e com formas diferenciadas, versos livres, poemas concretos, entre outras. Abrindo espaço para o novo, para o prazer e a reflexão.

No entanto, as aulas de poesia descritas nas pesquisas anteriores não permitem aos leitores questionar essas mudanças e ideologias. As crianças não percebem os aspectos estéticos do texto poético, pois não contemplam, no momento da leitura, a literariedade. As metodologias recorrentes nos livros didáticos descritas acima preveem apenas os passos para uma abordagem artificial do texto poético.

Na prática escolar o poema é conhecido como o gênero literário que se compõe de versos, sendo estes compostos de sílabas e estas de letras. No entanto, para Melo e Castro (1973, p. 6):

> O preconceito de que só certos agrupamentos de letras são sílabas e de que só determinadas sequências de sílabas são versos é exatamente o mesmo que diz que só um agrupamento de versos é um Poema e só nesse Poema está a Poesia. Pelo contrário, todos sabemos que o verso como medida temporal do Poético é apenas um resultado da codificação rítmica do texto e que o texto Poema possui outros recursos além do ritmo e de um(ns) sistema(s) de medida para se realizar como POEMA.

Em outros termos, para o autor citado, "a palavra poesia tem um sentido mais largo que o dado pela metrificação do texto. Ela passou de objeto a sujeito: Poesia é a sensação (estética?) produzida pelo Poema [...]" (Castro, 1973, p. 6).

Nesta mesma perspectiva teórica também caminha Octavio Paz (1991):

> Um soneto não é um poema, mas uma forma literária, exceto quando esse mecanismo retórico – estrofes, versos e rimas – foi tocado pela poesia. [...] O poético é a poesia em estado amorfo: o poema é a poesia que se emerge. [...]. O poema não é a forma literária, mas o lugar de encontro entre a poesia e o homem. O poema é o organismo verbal que contém, suscita ou emite poesia. Forma e substância são a mesma coisa.

Diante desses pressupostos teóricos, voltamos a citar Gebara (1997) que define tão bem quatro momentos que deveriam fazer parte da rotina da sala de aula ao se trabalhar com a linguagem poética.

Para a autora, **o primeiro momento** é o da leitura contemplativa, quando o leitor é sensibilizado pelas impressões e emoções estéticas do texto (fruição-prazer). Em seguida, como **segundo momento**, sugere que os alunos elaborem uma paráfrase, o que os ajudará a localizar indícios que serão importantes para a análise. Depois, o professor deveria situar o autor e a obra, discutindo os aspectos pragmáticos do texto, explicitadores do movimento social da criação. O **terceiro momento** indicado por Gebara é o da análise, ou seja, da decomposição final do sentido total e unitário do poema em diversos níveis:

1. **visual:** da composição do poema no espaço;
2. **fônico:** da organização dos sons (assonâncias, aliterações etc.);
3. **léxico:** dos termos usados (técnicos, neologismos etc.), do nível de linguagem etc.;
4. **morfossintático:** das classes de palavras e de suas combinações (predomínio de substantivos, adjetivos etc.);
5. **semântico:** dos efeitos de sentido, as figuras de linguagem. (destaques meus)

O **quarto momento** é definido pela autora por síntese. Nessa atividade, prevê-se que professores e alunos discutam todos os constituintes do poema para chegarem a uma interpretação crítica finalizadora do ato da leitura.

Esses procedimentos encontram-se no livro *Aprender e ensinar com textos didáticos e paradidáticos*, nele Gebara exemplifica sua teoria fazendo um trabalho com a letra da canção "Aquarela", de Toquinho. O professor pode planejar e identificar esses pressupostos teóricos em outros poemas ou letras de canções.

Como introduzir esta metodologia em salas de alfabetização?

Minha resposta inicial seria: brincando. O professor deve perceber no exercício diário da leitura de poemas que os elementos que aproximam o ser humano do poético são as emoções e a sonoridade. A aprendizagem pode ganhar um colorido especial por meio do ensino da poesia, pois a criança tem afinidade com o humor, com o belo, com a fantasia e com o lúdico. Cabe ao professor entrar neste mundo particular, onde sonho e realidade se juntam num universo de sensações e desejos, para, em seguida, brincar.

Como, então, brincar com poema?

Segundo Alves (1995), alguns elementos devem ser explorados antes do trabalho de criação de poemas. Inicialmente podemos criar situações que favoreçam a descoberta da sonoridade pela criança por meio do resgate das **cantigas de roda e canções de ninar**, que utilizam na sua estrutura repetições cadenciadas. As músicas entoadas no pátio podem ser tema de um trabalho com linguagem escrita e leitura na sala de aula.

Por exemplo, a partir das seguintes canções de domínio popular, pode-se propor mudanças na letra, acrescentado inclusive o nome de crianças da classe:

Boi da cara preta

Boi, boi, boi
Boi da cara preta
Pega este(a) menino(a)
Que tem medo de careta.

Vamos brincar com o texto:

Boi, boi, boi
Boi da cara vermelha
Pega a Clara
Que tem medo de ovelha.

Outro exemplo:

Cachorrinho está latindo

Cachorrinho está latindo
Lá no fundo do quintal.
Cala boca cachorrinho
Deixa o meu benzinho entrar.

Modificando o texto:

Minha vaca está mugindo
Lá dentro do curral
Cala boca ó! vaquinha
Deixa a Júlia entrar

Galinha do vizinho

A galinha do vizinho
Bota ovo amarelinho.
Bota um, bota dois,
Bota três, bota quatro,
Bota cinco, bota seis,
Bota sete, bota oito,
Bota nove, bota dez!

Transformação:

A galinha do João
Bota ovo de pavão.
Bota um, bota dois,
[...]
Bota nove, bota dez!

Ou:

A galinha da Ivete
Bota ovo de chiclete.
Bota um, bota dois,
[...]
Bota nove, bota dez!

A galinha do vizinho pode ser de cada criança da sala, e nesse exercício divertido o aluno deve pensar numa rima para seu nome. Pode, ainda, colocar seu nome no aumentativo ou diminutivo e procurar uma nova rima para ele. Essas brincadeiras, além de favorecer a inserção dos alunos num processo prazeroso de procurar e descobrir palavras com sons finais semelhantes (rimas), permitem ao professor trabalhar com um repertório que alguns alunos já conhecem, as cantigas de roda e de ninar. Esses exercícios, que valorizam nossa cultura oral, riquíssima em sonoridades, aliterações e repetições, contribuirão para o aumento de vocabulário do aluno, pois, além de criar as próprias rimas, ele ouvirá as criadas pelos colegas.

O professor pode aproveitar esse momento significativo de descoberta e escrever uma lista com nomes próprios e rimas na lousa. A galinha pode ser ainda tema de outras leituras. O docente pode ler em voz alta: a fábula "A galinha ruiva", de Esopo; "A galinha choca", de Mary e Eliardo França; "A galinha xadrez", de Rogério S. Trezza, dentre tantas outras histórias que têm esse animal como protagonista.

Fizemos algumas sugestões, mas existem muitas outras cantigas que podem ser resgatadas pelo professor. O trabalho com o texto, as conversas sobre a música, as personagens das cantigas, as relações com outras personagens propiciarão o desenvolvimento da imaginação, criatividade, expressão e oralidade.

Um outro tipo de texto que poderá ser explorado pelo professor são as *adivinhas*. Segundo Alves (1997), as adivinhas são perguntas ou declarações de forma enigmática a serem respondidas. Os alunos podem ser estimulados a coletar esse tipo de texto com familiares, para, em outro momento, compartilhar por meio da leitura as mais diversas indagações.

Exemplos:

> O que é, o que é,
> Uma casinha branca
> Sem porta
> Sem tranca?
> (resposta: o ovo)

> O que é, o que é,
> Torre alta com duas janelas,
> Abre-se , fecha-se
> Sem ninguém mexer nela?
> (resposta: a cabeça e os olhos)

> O que é, o que é,
> Em casa está calado
> No mato está batendo?
> (resposta: o machado)

Um ótimo livro para dar continuidade ao trabalho desse resgate de adivinhas é *Panela de arroz*, de Luís Camargo. Essa obra conta as aventuras do boneco Maneco Caneco Chapéu de Funil na casa do arroz, mas para que o protagonista possa entrar nessa casa a porta lhe faz perguntas em forma de adivinhas:

> A porta não tinha trinco, nem fechadura, mas estava fechada e não abria. [...] O que é, o que é: na água nasci, na água me criei, se me colocarem na água, na água morrerei. Maneco Caneco respondeu sal, e a porta se abriu [...]

As respostas às adivinhas são os ingredientes necessários para a preparação do arroz: água, sal, óleo, alho e cebola.

As **parlendas** também são textos de que as crianças gostam muito. Mais uma vez, o motivo dessa identificação são os elementos de sonoridade e a familiaridade com o texto. Ainda, segundo Alves (1997):

> As parlendas são formas literárias tradicionais, rimadas com caráter infantil, de ritmo fácil e de forma rápida. Não são cantadas, e sim declamadas em forma de texto, estabelecendo-se como base a acentuação verbal. São versos de 5 ou 6 sílabas recitadas para entender, acalmar, divertir as crianças, ou mesmo em brincadeiras para escolher quem inicia a brincadeira ou o jogo. O motivo de uma parlenda é apenas o ritmo como ela se desenvolve, o texto verbal é uma série de imagens associadas e obedecendo apenas ao senso lúdico, ela pode ser destinada à fixação de números ou ideias primárias, dias da semana, cores, dentre outros assuntos.

Veja alguns exemplos:

Um, dois, feijão com arroz

Um, dois, feijão com arroz
Três, quatro, feijão no prato
Cinco, seis, feijão inglês
Sete, oito, comer biscoito
Nove, dez, comer pastéis

Rebenta pipoca

Rebenta pipoca
Rebenta bem
Rebenta que chegue
Pra mim também
Se sobrar piruá
Que me importa me lá

Cadê o toucinho que estava aqui

Cadê o toucinho que estava aqui?
O gato comeu
Cadê o gato?
Foi pro mato
Cadê o mato?
O fogo queimou
Cadê o fogo?
A água apagou
Cadê a água?
O boi bebeu
Cadê o boi?
Foi carrear trigo
Cadê o trigo?
A galinha espalhou
Cadê a galinha?
Foi botar ovo
Cadê o ovo?
O frade bebeu
Cadê o frade?
Tá no convento

Santa Clara clareou

Santa Clara clareou
São Domingo alumiou
Vai chuva, vem sol
Vai chuva, vem sol
Pra secar o meu lençol

Nesse resgate de elementos poéticos de nossa cultura oral, não podemos nos esquecer da importância da leitura de **trava-línguas** nas salas do primeiro ciclo. Para Azevedo (1999), trava-língua é um pequeno texto, rimado ou não, de pronunciação difícil.

Exemplos:

1. O sabiá não sabia
   Que o sábio sabia
   Que o sabiá não sabia assobiar.

2. O doce perguntou pro doce
   Qual é o doce mais doce

Que o doce de batata-doce?
O doce respondeu pro doce
Que o doce mais doce que
O doce de batata-doce
É o doce de doce de batata-doce.

3. Olha o sapo dentro do saco
O saco com o sapo dentro,
O sapo batendo papo
E o papo soltando o vento.

4. A lontra prendeu a
Tromba do monstro de pedra
E a prenda de prata
De Pedro, o pedreiro.

Durante ou depois do resgate, da leitura e do trabalho com estes textos – cantigas de roda e de ninar, parlendas, adivinhas, trava-línguas – é importante que o professor abra um livro de poesia e leia para as crianças. Há muitos livros de literatura infantil cujos textos são apresentados em forma de poemas. Alguns autores são muito trabalhados (cf. Souza, 2000): Cecília Meireles, Vinicius de Moraes, Mario Quintana; outros são menos conhecidos, como: Pedro Bandeira, Sérgio Caparelli, Roseana Murray, José Paulo Paes; e alguns quase completamente ignorados: Leo Cunha, Ulisses Tavares, Arnaldo Antunes.

Sugerimos a leitura de poemas em uma atividade que denominamos "O poema do dia". A atividade consiste em ler um poema por dia. O professor deve estabelecer um momento para essa leitura. No início, o texto a ser lido é selecionado pelo professor, depois os alunos serão instigados a fazê-lo. A cada dia uma criança é convidada a ler o poema escolhido por ela. O docente pode perguntar o porquê da escolha, para estimular a criticidade e incentivar o gosto pela leitura de textos poéticos. Nessa atividade, o poema do dia é somente lido em momento de descontração, e não deve ser copiado ou trabalhado. Pois concordamos com Bartolomeu Campos Queiroz: "quando transformamos a literatura em instrumento pedagógico estamos enfraquecendo-a".

Para finalizar, gostaria de dizer que durante a leitura de poemas é possível realizar com os alunos atividades que possam levá-los a descobrir os vários significados da palavra poética, revelando que *essas palavras não se gastam, são sempre novas*. O que permite que se consigam novos modelos linguísticos capazes de (re)inventar o real. Portanto, é possível contribuir para que as crianças vejam a poesia "como tessitura constituída de palavras mágicas, desencadeadoras de uma realidade específica – a ARTE, onde tudo que não existe é passível de ser dito pelo poeta" (Trevizan, 1995, p. 37).

A poesia, quando bem-ensinada, desencadeia em seus leitores processos emocionais, que, segundo Averbuck (1985, p. 82), favorecem a liberdade de criação, liberta o "eu", mostra aos alunos outros espaços até então desconhecidos, "que se descobre, e, assim, se desaliena". E isso pode ser feito na escola, pelo empenho de um corpo docente preparado para trabalhar com a leitura, a reflexão, a descoberta, o dizer, a recriação.

RENATA JUNQUEIRA DE SOUZA – Professora Doutora titular do Departamento de Educação da Faculdade de Ciências e Tecnologia do Campus de Presidente Prudente. Ph.D. em linguagem, letramento e educação pela Universidade de British Columbia, Vancouver, Canadá.

REFERÊNCIAS BIBLIOGRÁFICAS

ALVES, Maria Elisa. *Alfabetizando com poesia*. São Paulo: Magnaprint, 1995.

AVERBUCK, Lígia. "A poesia e a escola". In: ZILBERMAN, Regina. (org.) *Leitura em crise na escola: as alternativas do professor*. Porto Alegre: Mercado Aberto, 1985.

AZEVEDO, Ricardo. *Ponto de vista: livros didáticos e livros de literatura: chega de confusão!* Presença Pedagógica.v. 5, nº 25, jan./fev. 1999.

BAMBERGER, Richard. *Como incentivar o hábito da leitura*. São Paulo: Ática, 1987.

BOOTH, David. *Poems Please!* Ontario: Pembroke, 1988.

BORDINI, Maria da Glória. *Poesia infantil*. São Paulo: Ática, 1986.

CAMARGO, Luís. *Panela de arroz*. São Paulo: Ática, 1987.

CASTRO, Ernesto Manuel de Melo. *O próprio poético: ensaio de revisão da poesia portuguesa atual*. São Paulo: Quíron, 1973.

CLEARY, F. In: BAMBERGER, Richard. *Como incentivar o hábito da leitura*. São Paulo: Ática, 1987.

FRANÇA, Eliardo; FRANÇA, Mary. *A galinha choca*. São Paulo: Ática, 1985.

GEBARA, Ana Elvira Luciano. "O poema, um texto marginalizado". In: BRANDÃO, H. et alii. *Aprender e ensinar com textos didáticos e paradidáticos*. São Paulo: Cortez, 1997.

HARRIS, A. J. In: BAMBERGER, Richard. *Como incentivar o hábito da leitura*. São Paulo: Ática, 1987.

MARTINS, Maria Helena. *O que é leitura*. São Paulo: Brasiliense, 1989.

PAZ, Otavio. *Convergências: ensaios sobre arte e literatura*. São Paulo: Rocco, 1991.

SILVA, Ezequiel Theodoro. *Leitura na escola e na biblioteca*. Campinas: Papirus, 1986.

SOUZA, Renata Junqueira de. *Poesia infantil: concepções e modos de ensino.* Tese de Doutorado em Teoria da Literatura, Unesp, Assis, 2000.

TREVIZAN, Zizi. *Poesia e ensino: antologia comentada*. São Paulo: Arte & Cultura — Unip, 1995.

TREZZA, Rogério S. *A galinha xadrez*. São Paulo: Brinque-book, 1996.

ZILBERMAN, Regina. (Org.) *Leitura em crise na escola: as alternativas do professor*. Porto Alegre: Mercado Aberto, 1985.

A LEITURA DA LITERATURA INFANTIL NA ESCOLA

Caroline Cassiana Silva dos Santos
Renata Junqueira de Souza

A LEITURA DA LITERATURA INFANTIL NA ESCOLA

Caroline Cassiana Silva dos Santos
Renata Junqueira de Souza

> Ler é interpretar uma percepção sob as influências de um determinado contexto. Esse processo leva o indivíduo a uma compreensão particular da realidade. (Souza, 1992, p. 5)

A perspectiva de ordem cognitivo-sociológica concebe a leitura como um processo de compreensão abrangente. Sua dinâmica envolve componentes sensoriais, emocionais, intelectuais, fisiológicos, neurológicos, bem como culturais, econômicos e políticos.

Outra concepção de leitura, observada com maior frequência, denota uma decodificação de signos linguísticos, por meio de aprendizado estabelecido a partir do condicionamento estímulo-resposta. Tal conceito, de perspectiva *behavorista-skinneriana*, ignora a profundidade da experiência do contato do indivíduo com os elementos da comunicação humana.

A escola prioriza a prática dessa segunda leitura. Em sala de aula, a criança raramente é estimulada à leitura-prazer, aquela que levará o aluno à compreensão da realidade.

Guimarães (1995, p. 88) afirma que:

> [...] o ato de ler implica um mergulho na própria existência – esta considerada como produto das determinações não apenas internas, mas externas aos sujeitos – no resgate dos significados já produzidos ao longo da vida e no confronto destes com a proposta feita pelo autor. No processo que se concretiza, o sujeito-leitor recupera seus conhecimentos e crenças, implementa seu raciocínio e se reorganiza internamente, marcado por uma nova interação.

Ou seja, o ato de ler é compreendido em seu sentido de produção de significados e, por essa razão, abarca as possibilidades de utilização de diversas linguagens.

Considerando que o gosto pela leitura se constrói por meio de um longo processo em que sujeitos desejantes encontram nela uma possibilidade de interlocução com o mundo, espera-se que o professor seja um agente fundamental na mediação entre alunos e suportes textuais, um impulsionador e guia, no sentido de um contato cada vez mais intenso e desafiador entre o leitor e a obra a ser lida.

Para que isso se concretize, é necessário que o próprio professor se veja como sujeito-leitor, um ente que se sinta desafiado diante dos "objetos de leitura" e suas diferentes linguagens. Entretanto, o quadro que se configura no Brasil traduz uma situação que demanda atitudes urgentes: por um lado, professores cada vez mais ameaçados em sua condição de sujeitos-leitores e de mediadores qualificados para o ensino de leitura; por outro, alunos que não leem ou vivem a possibilidade de leitura em sua dimensão mais restrita.

Se entendermos leitura como um dos caminhos de inserção no mundo e de satisfação de necessidades amplas do ser humano (estéticas, afetivas, culturais, além das intelectuais), é de se esperar que propostas nesse sentido estejam direcionadas para a superação de uma visão utilitarista das linguagens em que é privilegiado apenas seu domínio técnico – no sentido da compreensão de que estas constituem produções humanas e, como tal, são passíveis de manipulação, construção, desconstrução e reconstrução.

Neste sentido, precisamos discutir o papel da escola que constitui-se em ambiente privilegiado para a formação do leitor. Nela é imprescindível que a criança conheça livros de caráter estético, diferentes dos pedagógicos e utilitaristas, usados na maioria das escolas. O livro estético (ficção ou poesia) proporciona ao pequeno leitor a oportunidade de vivenciar a história e as emoções, colocando-se em ação por meio da imaginação, permitindo-lhe uma visão mais crítica do mundo.

A criança tem, então, na escola, um espaço reservado à iniciação da leitura. Para desempenhar essa função, a instituição utiliza, basicamente, um material determinado e profissionais encarregados de instruir os alunos quanto ao uso desse material.

Com relação ao material utilizado pela escola para iniciação e promoção da leitura, podemos citar: o livro didático, o livro paradidático e os livros de literatura infantil e juvenil.

Mesmo com todas as críticas, o livro didático ainda é o material mais usado na escola, seguido por outros utilizados com menor frequência: os paradidáticos. Estes geralmente são livros que combinam textos informativos com ficção. Os aspectos ficcionais limitam-se a inserir personagens num contexto em que possam passar informações. Por exemplo, um livro em que os protagonistas descrevem aids e doenças sexualmente transmissíveis. Na realidade, esse tipo de obra é pedagogizante, pragmática e tenta converter a narrativa artística em um artefato de utilidade imediata. O paradidático, muitas vezes, anula a experiência estética, trocando-a por outro tipo de interlocução escrita que afasta as crianças da literatura.

O caráter estético, no entanto, será encontrado nos livros de literatura infantil. Neste sentido, Iser (1996) afirma que a narrativa ficcional é detonadora de um jogo de significações que exercita o imaginário a participar de possibilidades da composição de outros mundos. É, portanto, a leitura da obra de ficção (literatura infantil) que desencadeará na criança-leitora uma postura reflexiva e crítica com relação à realidade.

Contudo, recentes pesquisas (Brandão, 1997; Souza, 2000) indicam que professores do ensino fundamental se queixam da dificuldade de acesso à literatura infantil, do reduzido (quando não inexistente) acervo da escola, e, principalmente, da falta de formação específica sobre leitura, interesses infantis, indicações adequadas para as idades com as quais trabalham etc. Soma-se a isso o fato de que muitos deles não gostam, não têm tempo, nem o hábito de ler. Ainda sobre a precária formação de professores, Azevedo (1999) evidencia um outro problema: professores que não sabem distinguir livros didáticos, veículos de ciência, de linguagem clara e mensagem líquida; de livros de literatura, veículos da arte, de linguagem poética, carregada de significado, representando uma subjetiva especulação como tentativa de compreender a vida e o mundo, passível de variadas interpretações. Assim, muitas vezes, um texto que propõe estímulo estético corre o risco de perder, no momento da recepção, essa característica, por pressupor uma resposta unívoca como se se tratasse de um discurso persuasivo, que quer levar-nos a conclusões definitivas (Eco, 1971).

O texto de ficção – pensado como a obra aberta, proposta por Eco – deve proporcionar ao pequeno leitor não só prazer, mas também uma autonomia, que o faça buscar por si só uma diversidade nas suas opções de leitura e habilidades para produzir leituras diversas, que contribuirão para a produção de conhecimento e para a formação de um leitor crítico.

Contudo, a escola, ao praticar a leitura da decodificação, ensina uma leitura uniforme em todos os sentidos: uniformidade nos modos de ler e uniformidade de textos.

Sobre as maneiras de se ler mais praticadas na escola, Silva (1997) descreve: a "leitura pressuposta", quando o professor pressupõe a compreensão do texto pelo aluno, como se a matéria lida fosse imediatamente entendida; a "leitura instrumental", baseada numa estratégia mecânica, não interessando o conteúdo dos textos, mas a simples emissão de voz, que deve ser feita com pontuação, entonação e ritmo adequados; e a "leitura seguida de trabalho de aprofundamento de texto baseada numa concepção da aprendizagem como um sistema monológico", em que após a leitura oral há sempre a explicação do professor a respeito da matéria, não permitindo a participação do aluno. Esses modos de ler praticados na escola não são considerados como uma atividade dinâmica de recriação dos sentidos existentes no texto, numa relação de intertextualidade, que enriquece e amplia o sentido imediato daquilo que é lido, são apenas exercícios passivos e esvaziados de significados.

Após analisar textos que circulam na escola, Brandão (1997) afirma a mesma uniformidade: são textos retirados, geralmente, do livro didático, fragmentos de narrativas infantis que seguem uma sequência de trabalho com poucas alterações: texto, vocabulário, interpretação, gramática, proposta de redação. Tudo é visto de forma homogênea e sob a mesma abordagem, não havendo preocupação em resgatar os conhecimentos e as experiências aprendidos para o estudo de novos conteúdos. "A aquisição de habilidades, inclusive a de ler, fica destituída de valor quando o que se aprendeu a ler não acrescenta nada de importante à nossa vida" (Bettelheim, 1981, p. 12).

Assim, se a prática de leituras diversas é importante para a formação do leitor, se os materiais de leitura utilizados na escola não propiciam a relação intertextual leitor/obra, se as crianças raramente têm oportunidade de ler o texto estético, se quando o fazem as atividades propostas esvaziam seu significado, se os professores responsáveis pela intermediação criança/ livro não tiveram formação para o ensino da leitura e da literatura, se estes docentes cometem com frequência equívocos metodológicos que impedem a formação de crianças conhecedoras e críticas, como ensinar leitura e literatura? Como estabelecer na escola a escolarização adequada da literatura? Como professores e alunos podem partilhar o processo de formação estética?

Uma alternativa possível seria formar o professor, inicialmente, como leitor de literatura infantil, instrumentalizá-lo para estabelecer relações dialógicas entre texto e leitor. Nesse sentido, alguns elementos devem ser levados em consideração no que diz respeito aos modos de ler (especialmente quanto aos níveis de leitura praticados pelo docente e aos níveis de leitura possíveis) e ao material de leitura. Em relação a este último, seria interessante fazer do professor um conhecedor do riquíssimo acervo literário que nos pertence, mostrando, inclusive, como vários livros infantis discutem temáticas de seu universo profissional (escola, leitura etc.), abrindo espaço para a reflexão das concepções neles encontradas. Partindo dessa premissa é que daremos continuidade a esta análise.

Com sua primeira edição datada de 1971, o livro *A fada que tinha ideias*, de Fernanda Lopes de Almeida, é exemplo de texto que possibilita essa reflexão sobre o universo escolar. Para Cademartori (1986, p. 98), essa é uma "narrativa que inverte e reverte os elementos da história de fada tradicional". E não é para menos: como o próprio título sugere, essa é a história de uma fada diferente – Clara Luz – que tem 10 anos e vive criando mágicas pra lá de inusitadas (colorir a chuva, dar vida a bichos modelados em nuvens, organizar uma apresentação teatral com estrelas e relâmpagos...), em nome da inventividade, da transformação do que considera um "mundo parado". Vivia no céu com sua mãe, que morria de medo que a rainha das fadas descobrisse que a filha não tinha saído da Lição I do Livro das Fadas (manual de aprendizado de condutas e regras, seguido por todas as fadas).

Na cena final, a rainha pede esclarecimentos sobre os acontecimentos resultantes das mágicas de Clara Luz que, toma coragem, conta o que fez e porquê. Ante as ideias e atitudes da pequena fada, a rainha acaba por contratá-la como sua conselheira-chefe, e, dentre suas primeiras medidas na função, Clara Luz determina a abertura dos horizontes e o fim do embolorado Livro das Fadas.

Um dos episódios que merece especial atenção é a chegada da professora de horizontologia (uma "geografia" das fadas). Clara Luz propõe novas ideias sobre horizontologia e uma aula prática sobre o assunto, as alunas deveriam estar no horizonte para aprender sobre ele, e não em casa, segundo a fadinha. Superando a dúvida, professora e aluna voam até o horizonte, indicando uma possibilidade de mudança na maneira de ensinar da professora, que antes se mostrava receosa e dizia: "Não sei se é permitido... Não foi assim que eu aprendi horizontologia no colégio..." (Almeida, 1989, p. 19).

Outro elemento interessante a ser notado são as condições de vida que fizeram com que a professora fosse dar aulas:

> Ela passava o dia dando lições para sustentar a mãe, uma fada velhinha, que já não podia trabalhar nem fazer mágicas. Ganhava vinte estrelinhas por aula e não tinha tempo para passeios. (Almeida, 1989, p. 20.)

Podemos pensar também que o Livro das Fadas seria semelhante à grande parte dos livros didáticos, determinando o que deve ser aprendido, sem que se questione o que nele está escrito, embotando o pensamento dos alunos e limitando o espaço para a diversidade de pensamento: "Não está no Livro. Não podemos fazer nada" (Almeida, 1989, p. 8), diz uma das fadas.

Outra obra que mostra algumas concepções de leitura é *O menino que aprendeu a ver*, de Ruth Rocha. Editado pela primeira vez em 1987, o livro conta a história do curioso menino João, que descobre o significado das letras: o que antes eram desenhos sem sentido, vistos nos mais diferentes contextos, a partir de sua alfabetização, realizada na escola, começam a ser "entendidos", a ganhar significação. Cada desenho-letra aprendido na escola começava a ser visto pelo menino em várias situações.

> Em casa, no jornal que os pais do Joãozinho liam, na caixa de sabão, na pasta de dentes, em tudo que João pegava, encontrava o tal desenho da professora. (Rocha, s/d, p. 14)

Um ponto a salientar, entretanto, é a concepção de alfabetização que pode ser depreendida da leitura do texto, que se pauta na ideia difundida por muitos manuais didáticos (cartilhas, essencialmente), baseada na associação de uma letra a um desenho/palavra e na repetição:

> E a professora ensinava
> D de doce
> D de dado
> D de dedo
> E de dourado...
> As crianças repetiam, repetiam... (Rocha, s/d, p. 17.)

Tal concepção recebe, atualmente, muitas críticas, existindo, em contrapartida, pesquisas que insistem no processo de letramento, feito a partir de textos (considerados a menor unidade de sentido a ser usada em sala de aula) de circulação social, encontrados no universo da criança.

Por outro lado, essa concepção mecânica de alfabetização/leitura presente em *O menino que aprendeu a ver* é atenuada pela autora ao narrar as relações que João estabelece entre as letras aprendidas e seu contexto em particular.

E o milagre continuava acontecendo. Cada letra que João ia aprendendo ia logo aparecendo em tudo que era lugar. João saía da escola e se punha a procurar. E assim João viu surgir nas placas e nos outros pacotes, nos ônibus e nos postes, tudo quanto ele aprendia. Até que chegou um dia que João olhou a placa da rua onde ele morava. E lá estava:
RUA DO SOL
Reunindo aquelas letras formou-se o nome que João já conhecia: Rua do Sol.
E, de repente, João compreendeu:
– Gente, eu já sei ler! (Rocha, s/d, p. 23)

Durante a narrativa, uma ideia que parece sempre presente é a da relação entre o ato/verbo **ler** e o ato/verbo **ver**, como se, ao apropriar-se dos códigos de leitura, ao "transformar" sinais sem significado ("desenhos") em letras, João começasse a **ver** o mundo, algo interessante de se pensar se tivermos em conta a dimensão de poder que a apropriação do código escrito se reveste na sociedade em que vivemos.

E, finalmente, Lygia Bojunga Nunes, em seu livro *A casa da madrinha*, publicado pela primeira vez em 1978, mostra, de forma simbólica, as várias tendências da escola.

O livro conta a história do menino Alexandre e sua busca pela casa da madrinha, lugar que se configura como ideal a ser perseguido pela personagem, cuja vida era marcada pela pobreza e marginalização. Durante a viagem, Alexandre encontra a personagem Pavão, que acaba por tornar-se companheiro de jornada do protagonista. Ao chegar a uma cidade desconhecida, os dois fazem uma apresentação na rua para arrecadar dinheiro/comida e encontram a menina Vera, a quem contam suas histórias. Interessante é que existem nessa narrativa duas experiências educativas contrapostas: uma diz respeito a Alexandre e sua curta passagem pela escola, narrando a relação com a professora que propunha um trabalho diferenciado com os alunos ao trazer para suas aulas uma grande maleta recheada de pacotes coloridos, sendo que cada cor representava um tipo de atividade (contar histórias, trabalhos manuais, brincadeiras entre meninos e meninas...). Tal procedimento aguçava o prazer de aprender nos alunos, mas acabou despertando a desconfiança dos pais e do diretor. Num dia de chuva, em que poucos alunos estavam na sala, entre eles, Alexandre, a professora chega sem a maleta, o que nos deixa margem para pensar sobre o cerceamento que certas instituições podem imprimir ao que consideram diferente e/ou novo. A mudança no comportamento da professora, de certa forma, coincide com a saída definitiva de Alexandre da escola para ajudar na renda familiar com seu trabalho.

A outra experiência diz respeito à passagem do Pavão pela escola "Osarta do Pensamento", onde tem seu pensamento atrasado para que obedeça cegamente a seus donos, que queriam tirar proveito de sua raridade e beleza. Eram três os cursos organizados na escola, com o objetivo de atrasar o pensamento dos alunos: 1. *Curso Papo*, "(...) pro aluno ficar com medo de tudo. O pessoal da Osarta sabia que quanto mais apavorado o aluno ia ficando, mais o pensamento dele ia atrasando" (Nunes, 1986, p. 24); 2. *Curso Linha*, em que o pensamento era costurado com uma linha forte (e aqui existe uma alusão ao Galo Terrível, personagem do livro *A bolsa amarela*, da mesma autora, que também teve seu pensamento amarrado por não querer fazer apenas o que seus donos mandavam); e 3. *Curso Filtro*, definitivo para limitar o pensamento de Pavão.

> Não deixaram ele falar mais nada. Seguraram ele com força, abriram a cabeça dele, botaram o filtro bem na entrada do pensamento, puxaram para cá e para lá ajeitando bem pra não entrar nenhuma ideia na cabeça do Pavão sem antes passar pelo filtro, e aí deixaram a torneira só um tiquinho aberta. Coisa à toa, não dava pra quase nada. (Nunes, 1986, p. 28-29)

Nas duas experiências narradas, o que se percebe é a crítica da autora a uma escola cerceadora, que impede uma formação mais humana do indivíduo, que se daria a partir de um aprendizado prazeroso e significativo.

Essas três narrativas apresentadas neste artigo configuraram-se como alguns exemplos de como temas recorrentes ao universo do professor são discutidos na literatura infantil, ganhando um tratamento literário e estético que enriquece sua discussão. Reflexões sobre processos de leitura/alfabetização, papel da instituição escolar, práticas educativas etc. não são geradas apenas a partir da leitura de textos de cunho acadêmico--científico: ao serem abordados em livros literários, dentro da ficção, também desencadeiam no leitor adulto uma postura ante a sua realidade e que podem ou não gerar transformações. Em grande medida, ao professor cabe apropriar-se dessa leitura – não apenas pelo viés utilitarista, como se esses livros fossem pretexto apenas para essa discussão – em suas várias significações e repensar sua prática em relação àqueles que quer formar.

CAROLINE CASSIANA SILVA DOS SANTOS – Mestranda em Educação pela Faculdade de Ciências e Tecnologia – Unesp – de Presidente Prudente.

RENATA JUNQUEIRA DE SOUZA – Professora Doutora titular do Departamento de Educação da Faculdade de Ciências e Tecnologia do Campus de Presidente Prudente. Ph.D. em linguagem, letramento e educação pela Universidade de British Columbia, Vancouver, Canadá.

REFERÊNCIAS BIBLIOGRÁFICAS

ALMEIDA, F. L. de. *A fada que tinha ideias*. São Paulo: Ática, 1989.

AZEVEDO, R. "Livros didáticos e livros de literatura: chega de confusão". In Revista *Presença Pedagógica*. Belo Horizonte: Dimensão, nº. 25, jan./fev. 1999.

BETTELHEIM, B. *A psicanálise dos contos de fadas*. Rio de Janeiro: Paz e Terra, 1981.

BRANDÃO, H. H. N. "Teoria e prática da leitura". In: CHIAPPINI, L. (Org.). *Aprender e ensinar com textos didáticos e paradidáticos*. São Paulo: Cortez, 1997.

CADEMARTORI, L. *O que é literatura infantil?*. São Paulo: Brasiliense, 1986.

ECO, Umberto. *Obra aberta*. São Paulo: Perspectiva, 1971.

GUIMARÃES, A. A. *Professor construtivista: desafios de um sujeito que aprende*. 1995. 138 f. Dissertação (Mestrado em Educação) – Faculdade de Educação, Universidade Estadual de Campinas, Campinas.

ISER, W. *O ato de leitura*. São Paulo: Editora 34, 1996.

MARTINS, M. H. *O que é leitura?*. São Paulo: Brasiliense, 1989.

NUNES, L. B. *A casa da madrinha*. Rio de Janeiro: Agir, 1986. (Coleção quatro ventos).

ROCHA, R. *O menino que aprendeu a ver*. São Paulo: Quinteto Editorial, s/d.

SILVA, A. C. *Cópia e leitura oral: estratégia para ensinar?* in: CHIPPINI, L. (Org.) *Aprender e ensinar com textos didáticos e paradidáticos*. São Paulo: Cortez, 1997.

SILVA, E. T. da. *O ato de ler: fundamentos psicológicos para uma nova pedagogia da leitura*. São Paulo: Autores Associados, Cortez, 1987.

SOUZA, R. J. de. *Narrativas infantis: a literatura e a televisão de que as crianças gostam*. Bauru: Universidade do Sagrado Coração, 1992. (Cadernos de divulgação cultural).

_____. *Poesia infantil: concepções e modos de ensino*. 2000. Tese (Doutorado em Letras) – Faculdade de Ciências e Letras, Universidade Estadual Paulista, Assis.

ZILBERMAN, R. *A literatura infantil na escola*. São Paulo: Global, 1985.

LEITURA DE NARRATIVAS
JUVENIS NA ESCOLA

Juvenal Zanchetta

LEITURA DE NARRATIVAS JUVENIS NA ESCOLA

Juvenal Zanchetta

Introdução

Nas últimas duas décadas, consolida-se a ideia do incentivo à leitura fruitiva da literatura na escola. Sob tal perspectiva, em muito tributária da Estética da Recepção, o processo da leitura tende a tornar-se menos árido, pois leva em conta os interesses do aluno, os fatores contextuais, a vida que se cria com o ato da leitura. Os indicadores de leitura na escola de hoje podem não ser dos mais animadores, entretanto, percebe-se, depois de intenso debate, já um certo consenso que deixa de ver o livro apenas como arcabouço de elementos enciclopédicos, estilísticos ou gramaticais, para se preocupar com o envolvimento entre o leitor e a obra.

O reconhecimento da leitura como processo que implica autenticidade, porém, não foi suficiente para mudar significativamente a qualidade da leitura literária na escola. Diversos são os motivos para tanto, entre os quais: a) a precariedade da formação dos professores, muitas vezes eles mesmos não-leitores ou "leitores de trilhas" (Batista, 1998); b) a concorrência do livro com outros meios de comunicação mais apelativos, como a televisão; c) a falta de política sistemática de incentivo à leitura literária – as próprias diretrizes nacionais observam a literatura de maneira esquemática (Suassuna, 1998); d) a falta de espaço e de recursos, incluindo os próprios livros, para tornar atraente o trabalho com a literatura.

Surgem, então, potencializados problemas próprios ao estágio inicial de formação dos alunos leitores, agravados pela orientação precária do professor, e dois tipos de abordagem que tendem à infertilidade. De um lado, está a ideia de considerar a leitura uma atividade exterior ao indivíduo, algo que se verifica quando o trabalho com a ficção se resume às famigeradas fichas de leitura, por exemplo. Note-se o seguinte depoimento de professora sobre a leitura dos alunos:

> Não dá para deixar cada aluno falar sobre o que compreendeu do texto. Assim, cada um vai dizer uma coisa, e como eu vou fazer a interpretação do texto? Eu não entendo essa coisa de que a leitura de um texto tem muitos significados, pra mim leitura é dizer o que está escrito. (Savelli, 2003, p. 57.)

Tem-se aí uma a mostra clara do enrijecimento a que o processo de ler fica sujeito a partir de abordagens prescritivas, que acabam por afastar a necessária relação entre o texto e o leitor. Como diz Savelli:

> Concebida desta maneira, atribui-se à leitura pressupostos positivos e normativos que levam a ignorá-la como atividade produtora de significados. Dessa forma, não se leva em consideração que os textos são abertos, entremeados de "não ditos", que requerem movimentos cooperativos, conscientes e ativos por parte do leitor. A criança, ficando engessada pelas questões propostas para a "interpretação ou compreensão" do texto, acaba por fazer a leitura que se exige que ela faça. Com isso a leitura fica reduzida a uma atividade meramente receptiva. (Savelli, 2003, p. 57.)

De outro lado, estão as propostas de trabalho voltadas para o pressuposto de que a leitura literária é uma atividade individual, não passível de "engessamento". O processo de leitura, neste caso, também pode ser problemático, pois a ideia da liberdade para ler implica, num extremo, a desmobilização do professor, pela menor cobrança de resultados inerente à proposta da fruição, algo que se percebeu nos anos recentes mesmo nas orientações oficiais. Leitura da literatura, na melhor das hipóteses, passou a ser sinônimo de comprar livros e enviar os alunos à biblioteca da escola. Em outro extremo, a leitura fruitiva exige limites complexos para condução, também devido à falta de referencial de análise mais concreto para a avaliação da leitura: ler em quantidade ou com qualidade? Ler clássicos ou literatura de consumo, quando e como efetuar a passagem de uns para os outros? Desencadear a leitura prazerosa ou investir na análise estética e histórica?

O presente artigo tem em vista esse difícil terreno. Observando um conjunto de entrevistas individuais realizadas com alunos de sétimas e oitavas séries[1], sobre a leitura de duas narrativas da Série Vaga-lume, pretende-se sistematizar algumas características possíveis da leitura fruitiva por leitores iniciantes, a fim de subsidiar o professor para o trabalho com livros de ficção. Parte-se do pressuposto de que a leitura é uma experiência individual, mas com uma dimensão social em que pode atuar o professor, não para delimitar a interação leitor/livro e sim para auxiliar o aluno a expandir sua compreensão acerca do texto.

Referencial teórico

O instrumental para análise das entrevistas foi escolhido pela sua abrangência e ao mesmo tempo concretude. Segundo Escarpit & Vagné-Lebas (1988), a leitura da literatura envolve cinco atitudes maiores do leitor em relação ao texto. São elas:

Memorizar: trata-se do exercício de recordação que permite a costura da narrativa. Quanto maior a clareza das lembranças, mais à vontade o leitor se sentirá para falar sobre a história, para recuperar lembranças de si mesmo e associá-las com o livro. Esse exercício iria desde a percepção fragmentada até o domínio da narrativa como um todo, em termos de eventos específicos ou da história geral.

Compreender: estreitamente ligada à *memorização*, é a atitude que revela domínio do leitor sobre a narrativa escrita, dando-lhe a sensação de entendimento sobre o que foi lido. São indícios dessa ação os juízos que ele consegue fazer, sobretudo os mais abrangentes, tomando como base o que apreendeu do texto apreciado. Se pudesse ser colocada em uma escala, essa percepção iria desde a compreensão da história linear (paráfrase) até diferentes níveis de entendimento do encadeamento

---

[1] Tratava-se de uma das etapas de um projeto maior, desenvolvido de 1988 a 1992, pelo Departamento de Literatura da Unesp-Assis, intitulado "Narrativas Juvenis na 7ª e 8ª séries: abordagens de leitura e bibliografia comentada", coordenado pelos professores Maria Alice de Oliveira Faria e Carlos Erivany Fantinati. A parte aplicada foi realizada na Escola Estadual Clybas Pinto Ferraz, em Assis-SP. Naquela oportunidade, foram desenvolvidas três modalidades de leitura: a) leitura de livre escolha; b) leitura em pequenos grupos de um conjunto de 15 livros pré-selecionados pelos pesquisadores; c) leitura de um livro único indicado pelos pesquisadores para toda a turma. No presente trabalho, lançamos mão de 13 depoimentos (gravados e transcritos) relativos à leitura de dois dos títulos mais escolhidos pelos alunos na etapa de leitura livre.

geral da narrativa, quando seriam possíveis associações e inferências mais complexas acerca do conjunto da narrativa, de personagens específicas e de temas propostos pela obra.

Vivenciar (identificar-se): é a atitude que revela um leitor que parece estar dentro da história, para vivê-la como se fosse parte integrante dela. Escarpit afirma que nesse estágio o "leitor vive por procuração". Também o fenômeno da *identificação* tem níveis de intensidade: pode ir desde a simpatia por uma característica superficial de uma personagem ou momento até o diálogo intenso entre o leitor e o objeto de identificação.

Imaginar: a leitura consistente desperta a imaginação, incentivando o leitor a buscar caminhos, desenhos, construir imagens da narrativa ou de personagens. O "não-leitor, ao contrário, é incapaz de fabricar uma imagem mental a partir de palavras". Os indícios desse processo são as informações dos leitores que deixam entrever seu desenho pessoal da narrativa. A facilidade com que o leitor se locomove pela história ou a descrição de uma passagem significativa podem ser indicadores desse exercício. O processo de imaginação do leitor iniciante, de maneira geral, ampara-se no recurso das ilustrações.

Explorar: interagindo com a narrativa, o leitor põe-se a explorar o texto, levado pela curiosidade. Para além de imaginar o desenho da história, ele é provocado a enveredar por novos caminhos, a experimentar situações, sentimentos e sensações que "não pode ainda conhecer ou que nunca conhecerá em sua vida". Este é o fenômeno mais racional e emocionalmente elaborado da leitura: para chegar a essa instância, o nível de associação entre o leitor e a obra, e a predisposição para tanto (o que confirmaria a *memorização*, *compreensão*, *imaginação* e *identificação*), é elevado.

Esse percurso da interação entre o leitor e o livro aproxima-se de outras proposições, como a de Martins (1994) e Kügler (1978). As atitudes destacadas não aparecem isoladamente, mas, sim, interligadas e numa ordem que não é preestabelecida: varia de acordo com o leitor em cada situação específica de leitura. Também a intensidade dessas atitudes varia bastante, de modo que, de antemão, pode-se apenas afirmar que a *compreensão* consolida e fomenta outras atitudes.

Os livros e as leituras

Os aspectos delineados a seguir referem-se aos livros e leituras feitas pelos alunos. Ocupamo-nos apenas da síntese das principais características das obras e da *leitura primária* realizada pelos leitores. Mantivemos a identificação dos alunos, embora o espaço não permita que possamos nos alongar na descrição da leitura de cada um, apenas nas características mais significativas. Quando necessário, procuraremos retomar aspectos determinados das narrativas.

Menino de asas, de Homero Homem (1989)[2], é um drama publicado pela primeira vez em 1969, vindo depois a fazer parte da Série Vaga-lume. Sofreu marcada influência do momento histórico em que foi produzido. Abandonando o campo, a literatura para crianças e jovens desse período instala-se no ambiente urbano e irá tratar de questões do cotidiano. Preocupada com a crítica social, parte dessa produção deixará de lado a temática supostamente apropriada para as crianças e irá tatear assuntos antes reservados à literatura para adultos. Ambientado no Rio de Janeiro, no final dos anos 1960, o livro aponta com traço realista o cotidiano da grande cidade. Um menino portando asas no lugar dos braços é personagem simbólica em busca de ser aceito pelas pessoas. Encontrará a indiferença e a marginalidade, juntamente com outros jovens também pobres. *Menino de asas* catalisa o preconceito, a discriminação, a violência com que se tratam a deficiência, a miséria, os negros, os que fogem da ordem prestigiada. Há coloração de crítica à intolerância e opressão, em alusão à arbitrariedade do período militar. Após vários infortúnios, o menino alado deixa de ser visto como monstro, casa-se, vira funcionário público e pai (de crianças com asas).

Embora se perceba alguma densidade dramática, sobretudo pelos reveses e indefinições do protagonista, o texto é frágil. Há diversas lacunas e incongruências, como a falta de um passado para o menino de asas ou o desaparecimento de personagens relevantes, como Pilão, outro jovem marginal que se ocupa de pequenos furtos, cujo grupo a certa altura acolhe o menino alado. Do ponto de vista ficcional, mesmo pondo-se

---
[2]Trata-se do segundo livro mais escolhido pelos alunos dentro da etapa de leitura livre.

extraordinária, a figura do menino de asas não se inscreve na linha do fantástico. Muito ao contrário, a ideia é ajustar a personagem monstruosa no mundo convencional. O resultado é uma solução preocupante: ele se vê funcionário, trocando lâmpadas em lugares de difícil acesso. Outras personagens são superficiais: a namorada do menino de asas, Rute, reproduz o estereótipo da professorinha, filha de renomado cirurgião. Enfim, trata-se de obra com verniz dramático, cheia de clichês e com linguagem que mistura um registro culto, às vezes castiço, e pedagogizante, com arroubos de coloquialidade um tanto deslocada.

Foram sete os leitores e todos gostaram de *Menino de asas*. A leitura de cada um deles tem particularidades e em vários casos foi além da simples comoção pelo drama da personagem central. O que chamou a atenção para o livro foi a curiosidade e a simpatia imediata provocada por um ser extraordinário, o menino alado, antes mesmo do início da leitura. Comentários de outras pessoas que haviam lido a obra, o desenho da capa, as indicações que constam no início da narrativa e mesmo o título foram suficientes para a escolha e empatia. A curiosidade dos leitores, entretanto, não é capaz de vencer os desafios. As ações inverossímeis, a narração pontuada por digressões, descrições romantizadas ou irônicas, elementos que aparecem repentinamente na narrativa, avanços não explicados na trama (como o período em que menino de asas ficou preso) dificultam o entendimento.

Durante a entrevista, os leitores recordaram apenas as passagens em que a narrativa é mais linear e principalmente as cenas que estão próximas das ilustrações. A leitura é mais fiel ao livro nos primeiros passos do menino de asas. Quando ele chega à cidade grande, a fragmentação das impressões dos leitores é visível. Ante os obstáculos, amparados por elementos mínimos da narrativa e também mais conhecidos, como a escola, a figura dos pais, a namorada Rute e o emprego como funcionário público, cada um desenhou a seu modo a história. Em vários casos, o texto foi refeito a partir de elementos do cotidiano dos alunos. Para Ronei, o menino de asas "se deu bem"; para Valdir, ele tirou as asas e "replantou braços".

Trazendo à força uma personagem com asas para o dia a dia de uma cidade grande e colocando-a no exercício de atividades triviais, o narrador obriga o leitor a malabarismos para entender como o menino conseguia, por exemplo, fugir levando uma mala entre as pernas ou tirar as telhas de uma cadeia para salvar um amigo preso (Pilão). Essa dificuldade está clara na leitura. Para Jurandir, por exemplo, a personagem alada somente pode existir porque se trata de um "sinal de Deus". Diante do estranhamento, os alunos aproximam-se e *memorizam* apenas elementos que lhes são conhecidos. Mesmo alado o menino provoca certa *identificação* por parte dos leitores, mas pelo tanto de humano – e de um ser humano irrepreensível – que ele apresenta.

A *imaginação* dos leitores também parece prejudicada. Apenas Ronei mostra, de maneira bastante vaga, ter aceitado a personagem como ela era e esteve propenso a conhecer suas histórias sobre o céu. Esse pareceu ainda ser o único caso em que houve *identificação* entre a personagem, tal como ela se mostra, e o leitor. Houve outro caso em que se verificou uma adesão mais intensa, como aconteceu com Valdir. Contudo, este último leitor teve como referente não o menino de asas, mas sim um parente que vivia, na época, um problema físico. O menino alado foi percebido pelo leitor em sua "deficiência". Os leitores foram unânimes em dizer que as ilustrações os ajudaram a acompanhar a história.

Talvez seja mais prudente dizer que nos momentos em que se puseram a recontar a história os leitores transferiram a narrativa para o seu mundo, utilizando as imagens que eles já têm prontas. Na reconstituição da escola, por exemplo, mencionaram a figura do diretor, que não existe no texto original. Rute, que na obra não é mostrada em convívio amoroso com o menino de asas, transforma-se na figura da namorada carinhosa. O bando de Pilão, marginalizado pela cor, condição social e econômica, vira simplesmente um grupo de bandidos. Curiosamente, ninguém se recordou deles no final da história – apesar de que nem mesmo o narrador fez isso.

Em sua difícil missão de tornar inteligível para eles mesmos o menino de asas e defrontando-se com um narrador que só tem olhos para o drama da personagem alada, os alunos têm *compreensão* restrita sobre o texto. Eles percebem, de forma genérica, a ideia de rejeição. Isso parece incidir na atitude de *exploração*. A maior parte dos leitores, de algum modo, tem curiosidade quanto ao destino do menino de asas. A solução, por seu turno, é valorizada porque é inteligível e reforça suas próprias expectativas. Apenas uma leitora, Regina, extrapolou o texto e buscou estabelecer relações mais amplas: comparou a história do menino de asas ao drama de um aluno de sua escola. Acaba por refutar a solução de Homero Homem para o menino alado: "na vida real ... é mais difícil", diz ela.

Enfim, à primeira vista, os leitores parecem gostar do livro pela curiosidade em relação ao caso insólito. Mais tarde, essa curiosidade se soma ao incômodo do leitor em conseguir dar à personagem um contorno mais real, o que é ainda dificultado pelo virtuosismo do narrador. Tais obstáculos fazem com que o final da narrativa se torne uma solução tranquila para o leitor, pois está resolvido o conflito – por meio de uma saída inteligível. O embate pelo entendimento do texto deixa passar despercebidas contradições e inverossimilhanças. A narrativa surge mais simplificada e açucarada na visão dos leitores. É essa história, com pais carinhosos, escola e professores decididos, namorada e trabalho, de que eles gostam e compreendem.

A ilha perdida, de Maria José Dupré[3], publicado pela primeira vez nos anos 1940, é representativo também de um período de transição histórica: o Brasil vivia a passagem do mundo rural para o urbano. Os autores para crianças e jovens dessa época ainda têm o campo como cenário preferencial, mas passam a vê-lo de maneira saudosista, conferindo-lhe virtudes fantásticas[4]. A história ocorre às margens do rio Paraíba. Eduardo e Henrique, irmãos recém-chegados de São Paulo, passam férias escolares na fazenda de Padrinho, fazendo companhia aos

---

[3] Este é o livro de ficção juvenil com maior vendagem na história do mercado livreiro no Brasil. Na etapa de leitura livre da pesquisa que originou este artigo, foi o terceiro livro mais escolhido pelos alunos. Também aparece destacadamente em outras pesquisas (cf. Magnani, 1989).
[4] Monteiro Lobato seria um autor à parte: embora lançasse mão do estatuto do fantástico para o mundo rural, não o fazia de modo saudosista.

primos Oscar, Quico, Vera e Lúcia. Uma ilhota desperta a curiosidade dos irmãos, que chegam lá às escondidas. Uma vez separado de seu irmão, que fora procurar comida na beira da ilha, ao enveredar pelo interior da ilha, Henrique encontra um ermitão, Simão, que primeiramente o prende, mas torna-se seu amigo e mostra ao jovem as belezas da ilha. Apenas dias depois, os irmãos reencontram-se e são resgatados pelos parentes. Simão permanece incógnito.

A fazenda e seus habitantes são descritos de forma rasa, servindo apenas de moldura para as ações da dupla da cidade. Dupré retoma a ideia da terra como fonte inesgotável de recursos[5]. Tem-se um retrato romantizado do meio rural, que procura perpetuar o vínculo com a tradição econômica do País. O que parece perdido não é a ilha, mas as "lições" da natureza à modernidade (calcadas na experiência agrária). Invoca-se um conjunto de relações em grande parte pedagógicas[6]: Simão, cujos traços misturam as características de um velho conselheiro com as de um personagem como Tarzan, será responsável por ensinamentos sobre a natureza ao jovem Henrique, por sua vez um aprendiz atento e passivo. Os dois irmãos aprenderão outra lição, esta moralizante: o castigo (os infortúnios e reveses) pelo desrespeito à ordem de Padrinho para não irem até a ilha.

Os seis alunos que a leram também têm boa impressão acerca da obra de Maria José Dupré. Célia adora a narrativa e a lê todos os anos. Giancarlo, Sérgio, Patrícia, Marcelo II e Simone também gostaram, sendo que Giancarlo e Patrícia afirmaram ter relido a história para a entrevista. Marcelo foi o único a dizer que não gostou do livro, mas seu depoimento revela uma certa vivência com ele. À exceção de Célia e Simone, os outros leram (ou releram) parcialmente a narrativa ou mesmo confiaram na memória da leitura feita há tempos. Todos, porém, apesar das disparidades, trouxeram alguns elementos significativos para o entendimento das características do livro e dos leitores.

---

[5]Nelly Novaes Coelho chega a dar à ilha uma configuração bíblica (*Dicionário Crítico da Literatura Infantil/Juvenil Brasileira*. São Paulo: Quíron, 1983, p. 1882-1982).
[6]Embora haja proposta de confronto entre a personagem Simão e Robinson Crusoe (cf. Magnani, 1989).

As diferenças começam desde a maneira como *memorizaram* a narrativa. Célia e Simone fizeram a leitura mais abrangente sob esse aspecto. Elas distinguem claramente o espaço da fazenda, as ações ocorridas na ilha, o retorno dos meninos à fazenda e, finalmente, a excursão de todo o grupo à terra de Simão. Sendo o livro marcado pela ação, as leitoras acompanham fielmente o narrador e priorizam a aventura dos meninos. Elas guardam também as características das personagens, mas com menor intensidade, salvo no que se refere a Simão, por ser uma personagem díspar. Simone aprecia a personagem porque gosta de animais. Célia admira sua capacidade de comunicação com os animais, pois ele sabe tudo o que acontece no interior da ilha.

Os demais alunos oscilam entre o domínio quase total da história até a redução do livro às suas personagens centrais. Giancarlo, Sérgio e Marcelo II destacam os diferentes espaços da narrativa, o modo como os meninos chegam e permanecem na ilha, mas investem as personagens de outras características nem sempre constantes do estatuto de cada uma delas. Para eles, a narrativa parece terminar quando os meninos retornam da ilha (posteriormente, todo o grupo da fazenda faria uma excursão à ilha – mas não encontraria Simão). Sérgio não menciona o final. Marcelo e Patrícia só identificam a ilha e as personagens. Estas últimas recebem ênfase até maior do que a ação, a ponto de Patrícia ter prestado atenção quase que unicamente nelas. Marcelo não faz referência ao final da história e Patrícia inventa um outro.

Quanto maior é a atenção para com as personagens, mais o aluno se distancia da história original, mesmo porque ele não observa unicamente as suas características: o leitor incorpora outras à narrativa. Sobre esse aspecto, vale lembrar que o próprio livro é bastante vago na definição de suas personagens, lançando mão inclusive de indivíduos meramente decorativos, como Quico, Oscar, Vera e Lúcia (primos dos meninos da cidade), Eufrosina, Bento e Nhô Quim (empregados da fazenda), além de Madrinha. As personagens Simão, Henrique, Eduardo e Padrinho, mais recorrentes, são superficiais a ponto de serem manipuladas com facilidade. Os leitores confundem ou inventam outras personagens, nivelando todos indistintamente, sejam adultos, sejam crianças. Giancarlo chega a considerar Simão como mais um dos meninos aventureiros. No entanto, Simão é a única personagem que preserva mais traços de seu contorno original junto aos leitores, mas isso acontece menos pela sua complexidade e mais pelo exotismo.

Bastante em função da percepção que os leitores tiveram das personagens, a *compreensão* sobre o livro mostrou-se também diferenciada, tendo em comum unicamente o aspecto aventuresco da narrativa. Há uma possível exceção: Patrícia concentra-se mais na configuração das personagens e não menciona com clareza que está diante de um texto de aventura. Para Célia, a aventura distinguiu-se por conter a tríade desobediência–perigo–culpa, algo que está claro no livro de Dupré. Simone, por sua vez, observou a mesma tríade e foi além, destacando com nitidez a lição de moral implícita na narrativa. Os demais têm seus juízos sobre o livro contagiados pela maneira como viram as personagens. Giancarlo vê a experiência na ilha como algo passível de punição pelos pais das crianças. Marcelo notou a fragilidade nas personagens mirins. Segundo o aluno, os meninos pecam pela falta de coragem e incompetência – por terem se perdido na ilha. Marcelo II transforma a aventura dos garotos em uma fuga para escapar de pais opressores (que não aparecem no livro). No final que ele constrói para a narrativa, são os pais que sentem culpa e se arrependem por terem sido ruins com os filhos. Além do destaque à aventura, Sérgio só tem olhos para algumas características de Simão, desprezando as personagens infantis. Finalmente, Patrícia tem entendimento bastante fugidio sobre a narrativa, sendo difícil discernir qualquer aspecto além de detalhes superficiais sobre as personagens.

A questão da *identificação* aparece diluída. A análise individual permite a observação do caso de Célia, que admira o livro pelas sensações de temor e culpa que ele suscita, e de Marcelo, que reagiu ao se frustrar pela postura, segundo ele, pouco corajosa das personagens. Os demais leitores disseram estar pouco interessados no universo da narrativa. Contudo, há um fator de aproximação expressivo, que se manifesta mesmo quando a leitura já está distante no tempo. As personagens guardam apenas alguns traços individuais, como a coragem, os bons modos, o bom-mocismo, a disponibilidade para aprender, a submissão ao adulto, a ausência de conflito interior e exterior (marcas das personagens mirins), além da sapiência, da onipotência e da bondade (marcas da personagem Simão). É justamente essa superficialidade, característica do estereótipo, que garante a aceitação entre leitor e personagens.

O desenho das personagens pelos alunos também revela-se conservador. Patrícia confunde os nomes e cria dois outros meninos protagonistas: Oscar, "que não tinha medo de nada", e Quico, porque "era divertido, pra frente, nada para ele era ruim, nada ele não gostava, tudo era bom". No texto de Dupré, Oscar e Quico pouco aparecem. Henrique tem algo de corajoso, mas é um menino que, como o irmão, mostra medo e fragilidade. Eduardo não tem nada de divertido. Para a leitora, Simão é apenas um velho. Giancarlo minimiza a participação de Henrique e Oscar na narrativa e põe em evidência um terceiro jovem, que ele não nomeia mas o considera "o mais velho e o mais inteligente da turma... porque tem mais espírito de aventura". Estão aí reunidas – porém modificadas numa só personagem – características de Simão e de Henrique. O Simão personagem é reduzido pelo aluno à figura de um velho. Sérgio chama de "Ricardo" o protagonista da história e o admira pelo "jeito dele... com o irmão". Marcelo vê em Henrique e Eduardo um irmão mais velho (corajoso, inteligente, responsável e atencioso) e um irmão mais novo (mais frágil, porém bastante esperto). Célia e Simone, por terem melhor domínio sobre a narrativa, modificam menos as personagens.

Os leitores levam para a narrativa seus modelos próprios de pessoas. E esse procedimento não se restringe às personagens mirins. Simão será visto como um velho que gosta de animais e também como uma duplicata de Padrinho – um adulto protetor – travestida de ermitão. Padrinho e Madrinha são transformados em pais dos meninos aventureiros e chegam a virar uma família opressora. A fazenda e a ilha chegam a se transformar em lares, a ponto de podermos reduzir a situação narrada do seguinte modo, de acordo com Marcelo e Giancarlo: "são filhos que fogem de casa e vão para outro lugar, que é acolhedor, mas eles precisam retornar".

Os alunos partem de elementos narrativos existentes no livro e os transformam de acordo com desejos e modelos pessoais, sobretudo quando é menor o entendimento que têm sobre o texto. Procuram simplificar as personagens, a fim de dar a elas um aspecto mais inteligível, utilizando-se, para isso, de características mais próximas. Tal procedimento é comum a quem pouco leu e também àquele que percorreu a narrativa por inteiro. Estaríamos, então, no terreno da *imaginação*? Provavelmente, não. Os alunos, na verdade, adaptaram a narrativa lançando mão do que eles conheciam, para poder de algum modo amarrá-la diante do entrevistador. Apenas Simone dispensaria as ilustrações, dizendo que acompanharia a história da mesma forma. Entretanto, é um caso único, e de uma leitora que está além do texto, pois o domina a ponto de desdenhá-lo. Os outros, não. Mostram claramente que necessitam das imagens para entender melhor o texto, tanto que boa parte das situações e detalhes levantados por eles estão reproduzidos nas ilustrações do livro.

Os alunos não perceberam nada acerca da idade da história de Maria José Dupré, o que mostra que o texto ao menos não envelheceu. Eles ressaltam unicamente a aventura e o lado pedagogizante da narrativa, evidenciada pela noção de culpa. Esta, por sua vez, é percebida de maneira diversa. Alguns notam a desobediência e a aprovam ou não, outros atentam para a fragilidade das personagens. Há também quem perceba o desejo de fugir e, finalmente, quem não consiga nem mesmo notar que as personagens só desencadeiam os acontecimentos a partir de uma transgressão da ordem.

Sentem-se motivados a opinar sobre a atitude dos garotos aventureiros, lançando mão de elementos pessoais para encorpar o quadro pedagogizante que circunda Henrique e Eduardo, estendendo-o às demais personagens. Revelam, assim, uma característica interessante: gostam de uma aventura que parte de transgressão à determinação de um adulto, mas mostram-se conservadores, delineando personagens inspirados num modelo ideal, que chega a fundir crianças e adultos, marcado pela coragem, determinação, inteligência, bondade, amor ao próximo, aos animais etc. Do mesmo modo, a inexistência de personagens paternas não é percebida: os alunos constroem laços familiares entre as personagens, indo além do que o livro suscita.

A ilha não é percebida em seus detalhes mais fantasiosos, como a animização da natureza e as dimensões desse espaço – que aumenta sensivelmente de tamanho quando os meninos chegam ali com o barco. Por outro lado, também o tempo da narrativa não é observado. Envoltos nas peripécias e críticas às personagens, os leitores não percebem problemas de verossimilhança da obra em relação ao tempo, entre eles: a) o fato inusitado de Eduardo ter permanecido oito dias na beira da ilhota comendo bananas verdes; b) a reação pouco convincente dos parentes ao localizar os dois meninos aventureiros depois de mais de uma semana de busca; c) a notação de que mesmo depois de tanto tempo sumidos os pais dos meninos não foram convocados.

Em todos os depoimentos, desde os que percebem apenas a aventura até aqueles que chegam a concluir acerca da lição de moral proposta pela obra, existe alguma exploração. A maioria dos alunos quer ver reforçadas as suas expectativas pessoais, como dissemos antes (o caso de Célia é o mais notório). Talvez o único depoimento que busca prospectar algo para além das situações narradas é o de Simone. Leitora segura da narrativa, chega a aventar a hipótese de manter os dois meninos aventureiros na ilha, para satisfazer o desejo de companhia por parte de Simão. Embora seja a fragilidade das relações desenhadas pela obra o fator desencadeador dessa hipótese, a leitora consegue ir além dos limites propostos pela história.

Estamos diante de um livro de fácil entendimento. Mesmo os alunos que não leram o livro na época da entrevista se sentiram confiantes com as informações que detinham. Ainda assim, existem diferenças gritantes entre o texto original e a maneira como foi percebido pela maioria. E isso se deve a mais de uma razão. Além da individualidade de cada leitor, há também o fato de que vários alunos parecem não ter lido por inteiro ou guardaram apenas informações esparsas de leitura já distante. Convidados a compor um quadro mínimo a respeito do que leram, suas respostas denunciaram esse não conhecimento ao menos atual da narrativa. Vários alunos tiveram de recorrer a valores próprios para explicar personagens, atitudes e situações. E principalmente daí surgiram as disparidades. Nesse exercício, fundamental para a compreensão do processo de leitura, muitas vezes não se observaram os elementos da história original – ou partiu-se de fragmentos dela – para compor um desenho distinto, algumas vezes mais conservador do que o próprio livro de Dupré.

Propomos a seguir um quadro de características gerais comuns às impressões de leitura apontadas acima, mas também das demais leituras observadas por nós durante a pesquisa[7]:

> 1. Dificuldade da leitura do conjunto da narrativa, com redução da trama às ações ou dramas centrais, em seus aspectos mais evidentes;
>
> 2. Opção pelo caminho feito pelo narrador, de modo que os demais elementos do percurso da narração ficam secundarizados pelo leitor;
>
> 3. Apoio sensível nas ilustrações, que passam a ser determinantes para a *imaginação, memorização* e *compreensão* acerca da obra;
>
> 4. Visualização da narrativa apenas a partir das personagens centrais;
>
> 5. Recorrência a experiências pessoais para amarração da narrativa, de maneira excludente e não interativa;
>
> 6. Modificação do espaço e do estatuto das personagens, nivelando-as num plano pessoal, superficial, familiar e não raramente moralizante: o leitor tende a ver aquilo que quer ver;
>
> 7. Dificuldade de visualização da personagem isoladamente: o leitor a percebe em ações concretas, e não em traços individuais;
>
> 8. Não percepção do encadeamento temporal e da força da ação do tempo e do espaço no conjunto da narrativa;
>
> 9. Apreensão afirmativa e menos indagatória dos elementos da narrativa.

---

[7] Tal quadro é um exemplo concreto daquilo que Kügler (1978) propõe como cenário característico da leitura primária.

Considerações finais

Amparado em Barthes (*Le plaisir du texte*), Fontes (1987) afirma que o prazer da leitura é algo complexo e não tão fácil de ser alcançado. A leitura se bifurcaria em duas grandes reações: uma de consolidação de expectativas (prazer) e outra de busca de novos horizontes (gozo). Por um lado, o prazer seria fruto de um trabalho de reconhecimento, de procura, em que o indivíduo busca no texto elementos a ele familiares, que fazem parte da sua cultura. Por outro, implicaria a ruptura e a percepção da necessidade de novas bases para tornar possível a interação entre livro e leitor. As duas sensações mostram-se difíceis ao jovem leitor, sobretudo no ambiente escolar: a de confirmação, por demandar contínuo esforço de reconhecimento, inclusive de compreensão do próprio *eu* do leitor; a de negação, por evocar possibilidades remotas à experiência cotidiana do leitor, e pela própria rebeldia à institucionalização.

Tendo em vista esse quadro e as características de leitura aventadas acima, qual seria o papel do professor? É preciso salientar que não estamos diante de leituras problemáticas, mas, sim, de leitores em estágio inicial de leitura de ficção. Tais características não impedem uma relação mais interativa com as obras, mas tendem a ser complicadores quando se almejam propósitos mais ambiciosos com a leitura. Nesse terreno, a escola pode ter um papel determinante, se conseguir aproximar os alunos das obras literárias e propor desafios que pesem equilibradamente a confirmação e a ruptura das expectativas dos jovens. E quais livros devem ser sugeridos? Aqueles que de algum modo oferecerem elementos familiares aos alunos e possibilidades de ampliação das expectativas deles. Isso dependerá de uma série de fatores, como o contexto do aluno e do professor, a disponibilidade de obras para a leitura e de tempo para ler, a vontade do professor para ler e dialogar com livros e leitores.

Propomos em seguida sugestões para auxiliar o professor na mediação da leitura. O aluno, mesmo que tome um rumo próprio, não deve prescindir da história original, sob pena de inviabilizar qualquer compromisso com o livro, além de menosprezar a obra como objeto histórico. Acompanhar a leitura do aluno, por seu turno, não significa impor determinado caminho, mas alertá-lo sobre aspectos-chave, sobretudo em termos de encadeamento, de tempo e de espaço. Célia dizia[8] ler *A ilha perdida* todos os anos, apaixonada por determinadas sugestões feitas pela obra, mas não percebia aspectos para além dos limites do desenho da superfície das personagens Simão e Henrique.

Enquanto no trabalho tradicional as informações obtidas nos livros são a finalidade do contato do aluno com o livro, no presente caso, o auxílio do professor torna-se meio para que o leitor possa entender melhor o universo com o qual está se deparando. O professor também não se transforma naquele que "abre a picada dentro da mata", mas, sim, num observador atento, que pode ajudar o aluno a se voltar aos índices e outros aspectos da história cruciais ao seu entendimento. Note-se como Perrotti define esse tipo de trabalho:

> Professores sensíveis, inteligentes, bem preparados quase sempre conseguiram resultados interessantes, quando empenhados na busca de alternativas às condições dadas. E a regra continua valendo. Também hoje, qualquer professor medianamente experiente sabe que sua intervenção pode ampliar ou anular possibilidades, despertar ou adormecer sensibilidades, facilitar ou dificultar emoções. (Perrotti, 1990, p. 16-17.)

Sob outro ângulo, Strôngoli (1990) fala da necessidade de se buscar o que ela chama de "ponto ótimo" da relação entre os interesses do aluno e a literariedade dos textos. Tal expressão pode ser entendida como um ponto de entrada no livro para oportunizar o prazer da leitura e o amadurecimento pessoal dos leitores. A autora afirma que a escolha dos livros deve levar em conta a história de leituras do professor e do aluno. O universo da criança deve ser respeitado, para garantir a empatia entre o livro e o leitor. O professor, por sua vez, deve conhecer bem a história, tê-la vivido como leitor, para garantir certa segurança sobre aquelas questões que podem ser desencadeadas durante o processo de leitura.

---

[8]Possenti (1990) mostra ser possível ler de maneira equivocada. Um de seus argumentos é o de que a aceitação de todas as leituras propostas sobre um texto, dada a liberdade conferida ao leitor, pode prejudicar a compreensão e afastá-lo da carga de significados potenciais da literatura.

Enfim, sugerimos a participação ativa do professor para o desenvolvimento da leitura aprofundada desde as primeiras leituras. Sua participação se daria num terreno coletivo, em que as informações podem ser partilhadas sem comprometimento da individualidade da leitura. A ação do professor não seria prescritiva, mas indicativa, para compor com o aluno o desenho mais próximo da narrativa. Para tanto, valem desde obras de reconhecida qualidade literária até os livros considerados ruins. O grupo leitor pode ser convidado a observar os elementos que tornam precárias essas obras. Simone é uma leitora experiente. Com facilidade descobriu a lição embutida na narrativa de Maria José Dupré, qualificando o livro como infantil para a sua idade. Levada aos colegas, sua opinião seria significativa para o desvendamento daquela história. Tem-se aí um exemplo claro de quanto pode ser enriquecedor o trabalho com um recurso bastante acessível na sala de aula: a voz dos próprios leitores.

JUVENAL ZANCHETTA – Formado em Letras, mestre e doutor em Educação. Faz parte do Departamento de Educação da Unesp-Assis e do curso de pós-graduação em Educação da Unesp-Marília. Pesquisa questões ligadas à formação de professores, à leitura dos textos informativo e ficcional na escola.

REFERÊNCIAS BIBLIOGRÁFICAS

BATISTA, Antonio Augusto Gomes. "Os(as) professores(as) são 'não-leitores'?". In: MARINHO, M., SILVA, C.S.R. (Org.). *Leituras do professor*. Campinas: Mercado de Letras/Associação de Leitura do Brasil, 1998.

DUPRÉ, Maria José. *A ilha perdida*. São Paulo: Ática, 1988.

ESCARPIT, D.; VAGNÉ-LEBAS, M. *La littérature d'enfance et de jeunesse*. Paris: Hachette Jeunesse, 1988. Trad. Maria Alice Faria.

FONTES, J. B. "O impossível prazer do texto". *Leitura: teoria e prática*. Porto Alegre, nº 9, junho 1987, p. 8-12.

HOMEM, Homero. *O menino de asas*. São Paulo: Ática, 1989.

KÜGLER, H. "Lernen – Kommunizieren – Verstehen. Kritische Bemerkungen zum praktischen Gebrauch einiger Schlusselbegriff der Literaturdidaktik". In: PAYRHUBER, Franz-Josef; WEBER, Albrecht. *Literaturunterricht heute*: warum un wie? Trad. Carlos Fantinati. Freiburg: Herder, 1978.

PERROTTI, E. *Literatura e escola: diálogo difícil. Difícil? Páginas abertas*. Edições Paulinas, nº 64, 1990.

POSSENTI, S. "A leitura errada existe". *Leitura: teoria e prática*. Porto Alegre, nº 15, junho 1990, p. 12-16.

SAVELLI, E. *Leitura: teoria e prática*. Porto Alegre, nº 53, 2003.

STRÔNGOLI, M. T. Q. "Quem conta um conto aumenta um ponto... na motivação do aluno para a leitura". *Leitura: teoria e prática*. Porto Alegre, nº 15, junho 1990, p. 8-11.

SUASSUNA, L. "O que são, por que e como se escreveram os parâmetros curriculares nacionais de Língua Portuguesa – o professor como leitor de propostas oficiais de ensino". In: MARINHO, M., SILVA, C.S.R. (Org.). *Leituras do professor*. Campinas: Mercado das Letras/ABL, 1998.

JOGOS DA INFÂNCIA EM GUIMARÃES ROSA: ENTRE A MAGIA E A POESIA

Prazeres Mendes

JOGOS DA INFÂNCIA EM GUIMARÃES ROSA: ENTRE A MAGIA E A POESIA

Prazeres Mendes

Graças à brincadeira e à imaginação, a natureza inerte dos adultos – uma cadeira, um livro, um objeto qualquer logo adquire vida própria. Pela virtude mágica da linguagem ou do gesto, do símbolo ou do ato, a criança cria um mundo vivente, onde os objetos são capazes de responder às suas perguntas. A língua, despida de suas significações intelectuais, deixa de ser um conjunto de signos, e volta a ser um delicado organismo de imantação mágica.

(Octavio Paz)

Ao analisarmos os contos da obra *Primeiras estórias*, de João Guimarães Rosa, com ênfase em "A Menina de lá" e "A partida do Audaz Navegante", constatamos que se pode armar um diagrama composto pelas vozes da infância e da poesia, enredadas em valor estético, que elucida a construção do discurso roseano, em que, para Ivan Teixeira (1989, p. 106), vê-se conciliar a finura da concepção à rusticidade das palavras que se organizam conforme uma sintaxe oral e primitiva. Esse discurso – como fenômeno artístico – lança pistas, equaciona leituras e prevê a recepção em aberto, ao rarefazer a referencialidade em pêndulo com o tom regionalista oralizado do contador de histórias do sertão mineiro, muitas vezes construído em encaixes, retomando Xerazade (Moisés, 1990, p. 14), como vemos, por exemplo, em "A partida do Audaz Navegante".

A protagonista – menina "que formava muitas artes" – Brejeirinha seduz seus ouvintes fictícios e seus leitores reais montando uma história (a do Audaz Navegante), ciente que a linguagem "tem amavios". Faz-se então a intersecção de fragmentos dessa estória por ela inventada à também inventada ação do cotidiano: cenas de interação entre o inventar da história e a construção, pelas personagens, do barco do navegante, a partir de elementos da natureza, como se fizessem "acontecer" na realidade a matéria inventada em palavra: constroem o "faz de conta" de modo duplicado, no narrar e no fazer. Numa só palavra, no brincar: "Pronto é o Audaz

Navegante" — e Brejeirinha crivava-o de mais coisas — folhas de bambu, raminhos, gravetos. Já aquela matéria, o "bovino", transformava-se. (Rosa, 1981, p. 106.) E agora, no dizer do narrador, em terceira pessoa, coloca-se a fábula em ato: "O Audaz! Ele partia. Oscilado, só de dançandoando, espumas e águas o levavam, ao Audaz Navegante, para sempre, viabundo, abaixo, abaixo". (Rosa, 1981, p. 107.)

Assim, percebemos o enredar dos níveis de invenção a partir da caracterização da personagem-narrador-criança Brejeirinha — assumindo o lúdico, o jogo, a poesia, engendrados pela linguagem que vai do registro oral — regional referencializado: "Então, pronto. O mar foi que se aparvalhou-se. Arres! O Audaz Navegante, pronto", ao estranhamento de sua composição poética: "O mar foi indo com eles, estético. Eles iam sem sozinhos, no navio, que ficando cada vez mais bonito, mais bonito... pronto: e virou vaga-lumes..." (Rosa, 1981, p. 106.)

Relacionando essas conclusões com a questão das vozes enfeixadas na oralidade, podemos verificar que é abolida a distância entre quem narra, o que narra e quem lê. Cria-se o termo *escreviver*. "Narrador, mensagem e receptor interagem num intercâmbio de contínuas experiências em reciclagem." (Palo, 1985, p. 45.)

No dizer de Walter Benjamin: "A experiência propicia ao narrador a matéria narrada, quer que esta experiência seja própria ou relatada. E, por sua vez, transforma-se na experiência daqueles que ouvem a estória". (Benjamin, 1984, p. 45.)

Para Bakhtin (1992, p. 152), a percepção artística só se revela no que está além do campo de visão do outro. Para ele, não interessa constituir a unidade de campo de visão e da percepção humana, mas exatamente seus pontos de inacabamento, que se complementam com a visão do outro. Esta é a mais íntima relação entre arte e vida. A experiência ordinária é fonte de toda criatividade.

Todo jogo poético, de magia e invenção, tem caráter abdutivo. O processo de abdução preside ao ato de conduzir do nada ao tudo que reverte ao nada. O *feeling* — o sentimento que preside o estético — que exige reflexão, uso da razão, nem que seja daquela razão "aventureira", é um *insight*. Essa qualidade de sentimento produz, junto a ela, uma abdução a respeito do mundo. Atesta-se aqui o caráter heurístico do signo icônico. Embora não se saiba que objeto esse signo representa, há um assentimento de que alguma verdade existe, apesar de não se comprovar. Se o signo tem um poder de revelação, é exatamente daquilo que não se sabe.

Definimos aqui a relação entre a qualidade estética e o jogo de linguagem, por via do acaso, já que o artista e, em especial, Guimarães Rosa, está sempre entre duas sensações: a do arbitrário e a da necessidade. Caminha-se de uma para outra, mas resta sempre a sensação do arbitrário e da desordem. É este contraste que o faz sentir que cria, posto que ele não pode deduzir o que lhe virá a partir do que tem, como atesta Valéry em seu texto "Discurso sobre a Estética" (Lima, 1988, p. 52).

Segundo Fayga Ostrower (1990, p. 221), os processos criativos são intuitivos, abrangem todos os dados da cognição e do afeto; o consciente e o inconsciente complementam-se na intuição, como facetas do mesmo conhecimento de ser, e se qualificam mutuamente em cada decisão que é tomada: acasos significativos. "Acasos atraídos pelas intenções do artista, como se fossem átomos soltos no espaço da imaginação." Para Bakhtin (1992, p. 211), este é o ponto de maior tensão do ato criador (tudo o mais sendo apenas meios) de todo artista: "se este é seriamente o **primeiro artista**, ou seja, se combate de frente as forças inorgânicas em estado bruto da vida ético-cognitiva, o caos (caos do ponto de vista estético), e apenas tal enfrentamento fará surgir a centelha artística".

Trata-se do momento inaugural da linguagem como representação, em voo imaginativo – da fantasia à percepção. Toda pessoa viveria num mundo duplo: o mundo exterior – das percepções – e o mundo interior – das fantasias, habitando os dois, mas considerando-os distintos. Como afirma Peirce: no instante de apreender qualquer fenômeno, já o interpretamos e naquele momento vivenciamos nossa própria interpretação, criando-se encaixes do imaginar: "As fantasias são aqueles estados em que as imagens absorvem o eu para dentro de si mesmas a tal ponto que o sentido de oposição entre o eu e o outro desaparece". (Colapietro, 1989, p. 31.)

Na realidade, toda atividade de raciocínio, segundo Peirce, desenvolve-se na imaginação (Colapietro, 1989, p. 29):

O instinto humano não é nem um pouquinho menos miraculoso que o do pássaro, do castor ou da formiga. Só que, ao invés de ser dirigido às ações corporais como cantar ou voar, ou à construção de moradias, ou à organização de comunidades, seu desafio está no mundo interior.

Peirce compara o instinto de voar dos pássaros com nosso instinto para o voo imaginativo. Guimarães Rosa promove, em seus contos, essa verdade a estatuto literário.

Para Lacan (Lemaire, 1979, p. 18), o real não é representável, define-se como o impossível. O real é o inconsciente e esse impossível é o fundamento do real. O real, sendo ausência, aquilo que falta, só pode ser apreendido por meio do registro simbólico, pelo falsear da linguagem. Esse falsear, quando emerge pela articulação do discurso, deixa de ser real (ou inconsciente) e instala-se no imaginário.

Todo esse explicitar teórico da vez e voz do imaginário, em nosso trabalho, pode ser comprovado ao detectarmos a força da palavra em Rosa, no conto "A menina de lá," do mesmo volume de suas Primeiras estórias. A protagonista Maria, Nhinhinha, "com seus nem quatro anos", não chamava atenção de tão quieta, embora houvesse espanto, "menos pela estranheza das palavras (...) mas, pelo esquisito do juízo ou enfeitado do sentido". (Rosa, 1981, p. 17.). Nhinhinha criava estórias "absurdas, vagas, tudo muito curto" que eram "só a pura vida". (Rosa, 1981, p. 17.)

Dois mundos aqui conjugados, o da percepção e o da fantasia, são percebidos no início em certo equilíbrio, mas ao longo do texto acabam por ser justapostos em camuflagem sígnica, no falsear de que nos falou Lacan. Também Roseli Rocha aponta para o fato de que todo desejo da personagem é resolvido por meio de sua fala. Nela está a chave do conto:

> A linguagem porque densa, condensa o espaço. Como vozes fortes. Tensa e, por isso, curta. Conto poliedro, multifacetado de regionais/universais, reais/fantasmásticos. O conto breve culmina na grafia brilhante, abraçada ao coral. Não mais que seis páginas tornam aguda e intensa essa ficção. (Rocha, 1996, p. 47.)

Explicando melhor, as palavras fazem acontecer em jogo premonitório, em modo preditivo, que almeja o indicativo a partir do desejo – o optativo –, modos de ação de Todorov. (Segolin, 1978, p. 14.) "Eu queria Jabuticaba de vem-me-ver"; " Eu queria o sapo vir aqui". O modo obrigativo é rechaçado porque rompe com esse desejo de efetivar o imaginário: Nhinhinha recusa-se a cumprir ordens ou pedidos. "Deixa... Deixa". Só quando os transforma em desejo, pode realizá-los. Seu ser infantil estabelece os limites do imaginar enquanto fazer. "E Nhinhinha branda tornou a ficar sentadinha, inalterada que nem se sonhasse, ainda mais imóvel, com seu passarinho-verde pensamento." Como vemos melhor explicitado em Rocha (1996, p. 50):

> A pequenez das grandes palavras-chave do conto enfatizam o ser infantil de Nhinhinha, mas também revelam uma certa superioridade de Nhinhinha. Ela faz suas próprias leis porque cria o seu próprio mundo vocabular, todo diminuído voltado só para ela. Nem Pai, nem Mãe, nem Tiantônia.

O imaginário – da criança e do poeta – configura o vivido como sendo o narrado, o fictício como verdadeiro, como afirma Guimarães Rosa, em entrevista a Günter Lorenz, a respeito de sua escritura: "espero uma literatura tão ilógica como a minha, que transforme o cosmo num sertão no qual a única realidade seja o inacreditável". (Rosa, 1994, p. 58)

Ao escrever ficção, todo autor tece uma bela e intrincada mentira – uma realidade metafórica – de modo que sua história seja encarada com seriedade. O autor inventa para perpetuar sua história junto à audiência, para ludibriá-la e fazê-la aceitar sua invenção como algo real. Como disse Jacques Derrida "coloca a brincadeira em ação". (Olson e Torrance, 1995, p. 131)

PRAZERES MENDES – Professora com doutorado em Comunicação e Semiótica, pela Pontifícia Universidade Católica de São Paulo, leciona Literatura Infantil/Juvenil na USP e na PUC-SP, na graduação e pós-graduação. Tem vários artigos publicados em revistas da área e livro a ser publicado pela Humanitas: *Diálogos literários: da autoria à recepção.*

REFERÊNCIAS BIBLIOGRÁFICAS

BAKHTIN, Mikail. *Estética da criação verbal*. São Paulo: Martins Fontes, 1992.

BENJAMIN, Walter. *Reflexões: a criança, o brinquedo, a educação*. São Paulo: Summus, 1984.

COLAPIETRO, Vincent. "Sonhos: o material de que são feitos os significados." In: Revista *Face*. São Paulo: EDUC, v. 2, nº 1, p. 23-41, jan/jun, 1989.

LEMAIRE, Anika. *Jacques Lacan, uma introdução*. Rio de Janeiro: Campus, 1979.

LIMA, Luís Costa (org). *Teoria da literatura em suas fontes*. Rio de Janeiro: Paz e Terra, 1988.

MOISÉS, Leyla Perrone. *Flores da escrivaninha*. São Paulo: Companhia das Letras, 1990.

OLSON, David R. e TORRANCE, Nancy. *Cultura escrita e oralidade*. São Paulo: Ática, 1995.

OSTROWER, Fayga. *Acasos e criação artística*. Rio de Janeiro: Campus, 1990.

PALO, M. José e OLIVEIRA, M. Rosa. *Literatura infantil, voz de criança*. São Paulo: Ática, 1985.

PEIRCE, Charles Sanders. *Semiótica*. São Paulo: Perspectiva, 1990.

ROCHA, Roseli Gimenes Alves da. *A menina de Lacan: um conto rosa*. São Paulo:Hacker Ed e CESPUC, 1996.

ROSA, Guimarães. *Ficção completa*. Rio de Janeiro: Nova Aguilar, 1994.

_____. *Primeiras estórias*. Rio de Janeiro: Livraria José Olympio, 1981.

SEGOLIN, Fernando. *Personagem e antipersonagem*. São Paulo: Cortez e Morales, 1978.

TEIXEIRA, Ivan. "Rosa e depois: o curso da agudeza na literatura contemporânea (esboço de roteiro)". In: Revista *USP*. São Paulo: Coordenadoria de Comunicação Social/Universidade de São Paulo, nº 36, p. 100-117, dez/jan/fev, 1997-98.

CRÉDITOS DAS IMAGENS

Capa, Frontispício e Rosto:
>No alto, *A arlesiana*, 1888. Vincent Van Gogh, Metropolitan Museum of Art, Nova York.
>Embaixo, *A jovem professora*, c. 1736-1737. Jean-Baptiste-Siméon Chardin, National Gallery, Londres.

Página 11:
>No alto, *O leitor*, c. 1894-1896. Paul Cézanne.
>Embaixo, *A leitura*, c. 1875-1876. Auguste Renoir, Musée d'Orsay, Paris.

Página 25:
>No alto, *Grupo de estudantes de Bolonha*, c. 1383-1386. Paolo di Jacobello & Pier Paolo Dalle Masegne.
>Embaixo, *Paul Alexis lê um manuscrito a Zola*, c. 1869-1870. Paul Cézanne.

Página 37:
>No alto, *Criança à tarde em Wargemont*, 1884. Auguste Renoir, Nationalgalerie, Berlim.
>Embaixo, *A jovem professora*, c. 1736-1737. Jean-Baptiste-Siméon Chardin, National Gallery, Londres.

Página 49:
>No alto, *Jean Mielot trabalhando em seu escritório*, 1477. Jean le Tavernier.
>Embaixo, *A arlesiana (após Gauguin)*, 1890. Vincent Van Gogh, Museu de Arte de São Paulo.

Página 61:
>No alto, *A lição de casa*. Albert Anker.
>Embaixo, *O sacristão*, 1875. Albert Anker, Kunstmuseum, Lausanne.

Página 79:
>No alto, *Uma jovem garota lendo*, c. 1776. Jean-Honoré Fragonard.
>Embaixo, *A lição*, 1871. Alfred Sisley.

Página 91:

    No alto, *Retrato de Émile Zola*, 1868. Edouard Manet, Musée d'Orsay, Paris.

    Embaixo, *O estudo*, 1769. Jean-Honoré Fragonard.

Página 111:

    No alto, *Leitora*, 1876. Auguste Renoir, Musée d'Orsay, Paris.

    Embaixo, *As companheiras de viagem*, 1862. Augustus Leopold Egg, Birminghan City Museums and Art Gallery.

Quarta capa:

    A leitura, c. 1875-1876. Auguste Renoir, Musée d'Orsay, Paris.